Richard Wagner, Karl Heckel

Richard Wagner an Emil Heckel

Zur Entstehungsgeschichte der Bühnenfestspiele in Bayreuth

Verlag
der
Wissenschaften

Richard Wagner, Karl Heckel

Richard Wagner an Emil Heckel

Zur Entstehungsgeschichte der Bühnenfestspiele in Bayreuth

ISBN/EAN: 9783957003409

Auflage: 1

Erscheinungsjahr: 2015

Erscheinungsort: Norderstedt, Deutschland

Hergestellt in Europa, USA, Kanada, Australien, Japan
Verlag der Wissenschaften in Hansebooks GmbH, Norderstedt

RICHARD WAGNERS
BRIEFE

RICHARD WAGNERS
BRIEFE
IN ORIGINALAUSGABEN

RICHARD WAGNER

AN

EMIL HECKEL

ZUR ENTSTEHUNGSGESCHICHTE DER BÜHNENFESTSPIELE IN BAYREUTH

HERAUSGEGEBEN VON

KARL HECKEL

LEIPZIG

VERLAG VON BREITKOPF & HÄRTEL

(1899) 1912

Vorwort.

Auf Anregung der Redaction der „Neuen Deutschen Rundschau“ schrieb mein Vater im vergangnen Jahr seine Erinnerungen an Richard Wagner nieder. Da Frau Wagner kurze Zeit darauf in dankwürdigster Weise die Herausgabe sämmtlicher Briefe des Meisters an meinen Vater gestattete, so lag es nahe Briefe und Erinnerungen gemeinsam zu veröffentlichen.

Ich übernahm deren nachträgliche Vereinigung.

Um eine einheitliche Darstellung zu erzielen, war hierbei eine vollständige Umgestaltung der „Erinnerungen“ nicht zu vermeiden. Jedoch blieb deren subjektiver Charakter strengstens gewahrt. Auch dort, wo ihnen als Erzählungen aus Kampfeszeiten eine agitatorische Färbung anhaftete.

Nur in sehr wenigen Fällen waren Auslassungen in den Briefen Wagners erforderlich. Sie sind jeweils im Texte angedeutet.

Da nach Bismarcks zutreffendem Wort die Veröffentlichung von Privatbriefen deren Verfasser fast immer „in Hemdsärmeln auf den Balkon hinausstellt,“ so war manche ausführliche Erläuterung unwesentlicher Züge geboten, um hämischen Nachbarn nicht gar zu viele Gelegenheiten zu „Mißverständnissen" zu bieten.

Die Wiedergabe solcher Einzelheiten rückt andererseits den Erzähler selbst näher in den Vordergrund als der eigene Wunsch es zulassen möchte.

Bei einem Memoirenwerk dürfte dieser Uebelstand jedoch nicht leicht zu vermeiden sein. Bedarf er einer Entschuldigung? — Am wenigsten wohl dann, wenn ich auf den ursprünglichen Titel der vorliegenden Erinnerungen verweise. Dieser lautete: „Im Dienste der Kunst."

Er bezeichnet, in welchem Sinne die Wiedergabe vieler persönlicher Erinnerungen aus dem Verkehr mit dem Meister, sowie dessen Anerkennung der Bethätigung seines „Strategen" bei dem Werke von Bayreuth aufgefaßt sein will.

Mannheim,   Der Herausgeber.
1. Januar 1898.

„Im Jahre 1853 hörte ich, zweiundzwanzig Jahre alt zum erstenmal unter Liszts Leitung in Karlsruhe die „Tannhäuser-Ouverture." Ich war aufs äußerste empört über diese „entsetzliche" Musik, die allem was ich bis jetzt „schön" gefunden hatte auf das heftigste widersprach. Ich ließ meinem Unmuth eben so freien Lauf wie mein Begleiter H. M. Schletterer — der bekannte spätere Gegner Wagners — seiner überschwänglichen Begeisterung.

Gelegenheit zur Bekehrung ward mir so bald nicht geboten. Denn in meiner Vaterstadt Mannheim fand zu jener Zeit die neue Kunst keine Pflege. Hofkapellmeister Vincenz Lachner war ihr entschiedener und mächtiger Gegner. Wohl sah er sich genöthigt „Tannhäuser" und später auch „Lohengrin" aufzuführen, aber die Stillosigkeit der Wiedergabe war wenig geeignet für Wagner einzunehmen.

Dagegen hörte ich zehn Jahre nach jenem Konzert abermals in Karlsruhe, den „Ritt der Walküren" von Wagner selbst dirigirt. Diesesmal empfand ich einen mächtigen Eindruck und gewann die Ueberzeugung, daß durch ähnliche Konzerte unter persönlicher Leitung Wagners auch in Mannheim der winterliche Bann zu brechen wäre. Wohl regte sich in mir das Verlangen diesem Ziel zuzustreben, aber noch war meine Begeisterung nicht lebhaft genug, um mich zu thatkräftigem Eintreten zu bestimmen.

Doch blieb mir die Sehnsucht wach, ein Wagner'sches Bühnenwerk in mustergiltiger Aufführung kennen zu lernen.

Mit meiner Frau auf der Heimreise von Italien begriffen, las ich im Sommer 1868 in Venedig die Ankündigung der ersten Aufführung der „Meistersinger von Nürnberg" in München. Mein Entschluß war rasch gefaßt: Auf nach München.

Diese vollständige und vollendete Aufführung unter Wagners persönlicher oberster Leitung, mit Hans von Bülow als Dirigent des Orchesters und Hans Richter als Leiter auf der Bühne, wirkte auf mich wie eine Offenbarung und — ließ mich meine Lebensaufgabe erkennen.

Nach Mannheim zurückgekehrt, veranlaßte ich meinen Vater, als Präsident des Hoftheater=Comité's*) die „Meistersinger" zur Aufführung zu bringen. Ein lebhafter Kampf entspann sich mit Lachner, der zwar nicht die Aufführung selbst zu hintertreiben vermochte, wohl aber im ersten Akt 171 Zeilen der Dichtung, im zweiten Akt 137 und im dritten Akt gar 345 Zeilen, darunter Sachsens „Monolog" mit Ausnahme der Anfangsworte, sowie den Chor „Wach' auf", in der Partitur strich.

Trotzdem blieb der Erfolg nicht aus.

Im nächsten Jahre bewirkte ich die Gründung eines „Concertvereins" zur finanziellen Unterstützung musikalischer Aufgaben. Mußte hierbei auch auf die Beseelung durch eine gemeinsame entschiedene Tendenz verzichtet werden, so hoffte ich doch immerhin eine Grundlage für die Reform der musikalischen Verhältnisse gewonnen zu haben und ver=

---

*) Das Mannheimer Hof und Nationaltheater wurde während 50 Jahren (1839—1890) von einem bürgerlichen Comité geleitet.

faßte einen Brief an Wagner, um ihn zur persönlichen Leitung eines Concertes einzuladen.

Aber mein Enthusiasmus war doch der Zeit vorausgeeilt. Mein Plan konnte auf keine Zustimmung rechnen, und die Absendung des Briefes mußte unterbleiben.

Auch bei den Freunden der neuen Kunst zeigte sich zu jener Zeit in den meisten gesellschaftlich angesehenen Kreisen eine geheime Scheu sich offen zu Wagner zu bekennen. Die Verunglimpfungen seiner Person und die Entstellungen seines Zieles, wie sie in einem ungleich geführten Kampfe allenthalben zu Tage traten, warfen ihren Widerschein auch auf seine Anhänger und benachtheiligten deren Stellungen im bürgerlichen Leben.

Nur langsam bildete sich eine kleine Gemeinde unerschrockener Bekenner. Diese traten am 30. April 1871 zum erstenmal im Musiksaal meiner Pianofortehandlung an die Oeffentlichkeit, indem sie Wagners „Kaisermarsch" wenige Wochen nach seiner Entstehung, auf zwei Flügeln zum Vortrag brachten. Die Ausführung wurde von den Herren A. Hänlein, Dr. Zeroni, Ernst Bassermann und Rud. Artaria unter Leitung von Ferd. Langer übernommen. Mitglieder des Hoftheaters und mehrerer Gesangvereine sangen den Schlußchor. Bei einer Wiederholung wurden die Thüren und Fenster geöffnet; die lebhafte Begeisterung setzte sich auch auf die Straße fort und die zahlreichen Zuhörer stimmten in jener patriotisch bewegten Zeit lebhaft in den Schlußgesang ein.

Die erste Aufführung des „Kaisermarschs" hatte am 14. April 1871 in Berlin unter Bilse stattgefunden, ihm war am 23. April Gungl in Leipzig gefolgt. Unter Wagners Leitung wurde er am 5. Mai in Berlin zum Besten der „Kaiser-Wilhelm-Stiftung" gespielt.

Die Wiedererstehung des deutschen Reiches stärkte bei Wagner den Glauben an die Entwickelung einer deutschen Kultur und Kunst. Von diesem Vertrauen erfüllt erließ er unter dem Titel „Ueber die Aufführung des Bühnenfestspieles: Der Ring des Nibelungen" eine öffentliche Aufforderung, in welcher er die Freunde seiner Kunst ersuchte durch einfache Anmeldung ihrer förderlich gewogenen Gesinnung sich ihm namhaft zu machen.

In Folge dieser Aufforderung schrieb ich am 15. Mai 1871 (leider als der einzige) an den mir persönlich unbekannten Meister, er möge mich zu den Freunden seiner Kunst zählen und mir mitteilen, was von diesen zunächst zu thun sei, um zum Gelingen des großen nationalen Unternehmens nach Kräften beizutragen.

Schon nach wenigen Tagen traf Wagners Antwort ein.

Geehrtester Herr!

Für Ihre mir erwiesenen Freundlichkeiten herzlich dankbar, begrüße ich Sie zunächst auch wegen Ihres soeben mir gemeldeten Entschlusses, an der Ermöglichung meiner großen Unternehmung theilnehmen zu wollen, mit voller Anerkennung seines Wertes, und ersuche Sie nur, für das Weitere in dieser Angelegenheit sich an Herrn K. Tausig, 35 Dessauer Straße in Berlin, gütigst zu wenden. Dieser hat die vorläufige Geschäftsführung bis zur Constituirung eines Patronat-Ausschusses übernommen, und wird derselbe Sie genau davon unterrichten, in welcher Weise Ihre Theilnahme wirksam zu sein hätte.

Mit den verbindlichsten Grüßen

Ihr

Luzern,

ergebener

19. Mai 1871.

Richard Wagner.

Ich reiste nunmehr persönlich zu Tausig und wurde von ihm über den Plan unterrichtet, die erforderlichen Geld=mittel durch Vergebung von tausend Patronatscheinen zu je dreihundert Thalern zu beschaffen.

Mein Vorschlag durch Gründung von „Wagner=Ver=einen" auch dem minder Bemittelten die fördernde Er=werbung solcher Scheine zu ermöglichen fand seinen Beifall.

Nach Mannheim zurückgekehrt, unternahm ich sofort die Begründung des Vereins. Dessen Entstehung und Ent=wickelung ist in ausführlicher Darlegung enthalten in einem Buche meines Sohnes.*)

Bei Uebersendung der Statuten an Tausig frug ich gleichzeitig an, ob es wohl möglich wäre, Wagner zur per=sönlichen Leitung eines Concertes in Mannheim zu ver=anlassen. Auch über die Absicht in anderen Städten die Gründung von Wagner = Vereinen anzuregen, unterrichtete ich Tausig und fand seine Zustimmung. Er schrieb:

Geehrtester Herr,

Ihr „Wagnerverein" ist eine vortreffliche Idee, und das Resultat muß bei so ernster und anhaltender Förderung ein erfreuliches sein. Ich werde Wagner über die Direktion eines Concertes in Mannheim schreiben, ich glaube aber kaum, daß er sich entschließen wird, noch einen solchen Aus=flug zu machen. Der engere Ausschuß für das Patronat be=steht, wie ich Ihnen schon früher mitteilte, aus Fr. Liszt, Frau von Muchanoff, Baronin von Schleinitz und mir; das ganze Comité kann erst in einigen Monaten veröffentlicht werden.

---

*) Karl Heckel „Die Bühnenfestspiele in Bayreuth" Authentischer Beitrag zur Geschichte ihrer Entstehung und Entwickelung. (E. W. Fritzsch, Leipzig.)

Sobald ich von Wagner eine zustimmende Antwort erhalte, schreibe ich Ihnen eine Zeile darüber. Die unterzeichneten Coupons*) senden Sie freundlichst an mich nach Berlin.

Hochachtungsvollst

Weimar,
7. Juni 1871.

Carl Tausig.

Geehrter Herr,

Ich habe nichts gegen die Ausführung Ihres Planes „Wagnerverein" einzuwenden, als daß wir auf Schwierigkeiten und Verzögerungen mit der Flüssigmachung der Patronatsgelder stoßen werden. Da das Theater, d. h. der Bau und andere Vorbereitungen, schon Ende dieses Herbstes in Angriff genommen wird, so müssen wir bald über bedeutendere Mittel disponiren können. — Herr Wagner würde zu jeder andern Zeit Ihre Einladung, in Mannheim ein Concert zu dirigiren, angenommen haben; aber die Composition der Nibelungen gestattet ihm nicht, auf irgend welche Weise sich zu zersplittern und von seiner Arbeit zu trennen.

Bestens grüßend
Ihr ergebener

Berlin,
17. Juni 1871.

C. Tausig.

Eine günstigere Aussicht betreff des Concertes eröffnete ein Brief Wagners, nachdem ich ihm von der erfreulichen Entwickelung des Vereins Nachricht gegeben hatte.

---

*) Anmeldungen zu Patronatscheinen.

Geehrter Herr!

Sehr erfreut über Ihre angenehmen Nachrichten, antworte ich Ihnen sogleich eben nur auf den von Ihnen mir ausgesprochenen Wunsch. Gewiß bin ich überzeugt, daß es unter Umständen mir sogar eine recht angenehme Diversion für mein so sehr zurückgezogenes Leben bieten kann, für einige Tage mich aufzumachen, um vor Freunden selbst so eine Art von Concert zu dirigiren. Nur möchte ich jetzt mich nicht für eine gewisse Zeit binden, weil ich — nach vielen äußeren Anstrengungen — eben jetzt erst dazu komme, mich für meine Arbeit zu sammeln. Machen Sie sich aber gefaßt, daß ich mich — etwa im Herbst — schnell einmal melde, und sorgen Sie dann nur, daß es etwas Ordentliches wird.

Mit ergebenstem Gruß

Luzern,
                                     Richard Wagner.
21. Juni 1871

In Tausig, der am 17. Juli 1871 plötzlich starb, verlor Wagner einen der fähigsten und vorsorgendsten Anhänger. Tausig hatte beabsichtigt in Berlin ein eigenes Orchester zu bilden und im Concertsaal geeignete Theile aus dem „Ring des Nibelungen" aufzuführen. Dieser Plan verfolgte einen doppelten Zweck: Das Publikum sollte in das Werk eingeführt, und die ausübenden Musiker sollten mit dessen Stil vertraut gemacht werden, um später den Kern des Bayreuther Orchesters zu bilden.

Einige Fragen, die ich an Wagner wegen Vorbereitungen zum Mannheimer Concert gerichtet hatte, beantwortete freundlicher Weise Frau Wagner. Sie hatte mir bereits in einem früheren Briefe mitgetheilt, es verstehe sich von selbst, daß Wagner auf jedes Honorar für das Concert verzichte.

Sehr geehrter Herr,

Mein Mann ersucht mich jetzt neuerdings, Ihnen in seinem Namen bestens zu danken; Ihre Organisation des Wagners-Vereins dünkt ihm ausgezeichnet, und er bittet Sie die Güte zu haben ihm noch zwei Prospekte zu schicken, die beiden ersten hat er bereits als Muster versendet.

Was das Concert anbetrifft, so nimmt er an, daß das Interesse desselben eben darin bestehen wird daß er es dirigirt, folglich dünken ihm Gesangsnummern überflüssig. Das Orchester wie Sie es ihm darstellen ist ihm recht und so wird das Programm aus einer Beethoven'schen Symphonie, den zwei Märschen (König= und Kaisermarsch), dem Lohengrin oder Tristan Vorspiel und der Tannhäuser=Ouverture, gebildet werden. Vierzehn Tage vor dem Concert wird Ihnen mein Mann die genaueren Bestimmungen noch wissen lassen. Die durch die Einnahme des Concertes erworbenen Patronatsscheine wären nicht nur zu Gunsten des Orchesters zu verloosen ?*)

Wie wäre es, sehr geehrter Herr, wenn Sie sich mit verschiedenen Städten in Verbindung setzten, und von Mannheim aus der Wagner Verein sich über Teutschland verbreitete? Mich dünkt es wäre gut, wenn diese Angelegenheit ihr Centrum bei Ihnen behielt. Ist dies ihre Ansicht auch,

---

*) Die Orchestermitglieder beanspruchten keine Bezahlung. Dagegen nahmen dieselben an der Verloosung der Patronatsscheine theil, indem sie in alle Rechte der Vereinsmitglieder eintraten.

so bitte ich Sie mir es nur zu melden, und ich würde Ihnen die Adressen in den verschiedenen Städten angeben, an die die Aufforderung mit Versicherung eines guten Erfolges zu versenden wäre.

Den freundlichsten Grüßen meines Mannes, füge ich, sehr geehrter Herr, die Versicherung meiner Hochachtung bei.

Cosima Wagner
geb. Liszt.

Tribschen bei Luzern,
16. Juli 1871.

Dieser Brief wurde mir nach **Partenkirchen** nachgeschickt, von wo aus ich mich nach **Wien** begab, um bei Herrn Dr. **Kofka** daselbst an der Bildung eines Wiener Vereins mitzuwirken.

In der an Frau Wagner gerichteten Antwort erklärte ich mich bereit, die Centralleitung der Vereine zu übernehmen. Zugleich frug ich an, ob zur Besprechung der Concertvorbereitungen der Besuch des Vereinsvorstandes **Hänlein** aus Mannheim in **Tribschen** willkommen sei.

Die Beantwortung dieser Anfrage erfolgte in einem von Frau Wagner niedergeschriebenen Brief des Meisters.

Tribschen bei Luzern 12. August 1871.
Sehr geehrter Herr,

Ich werde mit Vergnügen den Pianisten Herrn Hänlein empfangen und ihm die gewünschten Details über das Concert geben.

Ich habe dem Hofpianofortelieferanten Herrn Karl Bechstein in Berlin geschrieben und ihn ersucht an Karl

Tausigs Stelle einzutreten*); bis ich eine Antwort erhalten habe, darf man sich an Ihre Excellenz der Freifrau von Schleinitz, Ministerium des k. k. Hauses, Wilhelmstraße Berlin wenden. —

Ein öffentlicher Aufruf ist vom Berliner Ausschuß deshalb nicht aufzunehmen, weil in erster Linie dort festgestellt wurde, daß alles auf privatem persönlichem Wege vorgehen würde. Mit bestem Dank und freundlichstem Gruß

Richard Wagner.

Herr Hänlein berichtete begeistert von seiner Unterredung mit Wagner, der oft „wie ein Hellseher“ gesprochen habe und theilte mir mit, daß Wagner beabsichtige, sich an den Großherzog von Baden zu wenden, um die Betheiligung des Karlsruher Orchesters bei unserem Concert zu bewirken.

Um zwischen den Vereinen und dem Patronat-Ausschuß einen gemeinsamen Operationsplan herzustellen, wandte ich mich an Freifrau von Schleinitz, welche jeder Zeit privat auf das erfolgreichste für das Unternehmen thätig war.

Salzburg, den 17. August 1871.

Geehrter Herr!

Ihre Zeilen vom 14. d. M. habe ich in diesem Augenblick hier in Salzburg erhalten — ich eile Ihnen mitzutheilen, daß wir heute über München nach Luzern reisen, von wo aus ich Ihnen ausführlich schreiben werde, nachdem

---

*) Derselbe lehnte ab.

ich mit Wagner gesprochen habe. — An Herrn Dr. Kosta in Wien habe ich bereits geschrieben wie wünschenswerth es mir erschiene, wenn Sie sich der Mühe unterziehen wollten, den geschäftlichen Theil des großen Unternehmens ganz und gar zu übernehmen und daß der von Ihnen gegründete Verein in Mannheim als Centralpunkt betrachtet würde. —

Mit den lebhaftesten Wünschen für den Erfolg Ihrer Bemühungen bin ich mit ausgezeichneter Hochachtung

Ihre ergebene
Freifrau von Schleinitz.

Anfang September benachrichtigte mich Herr Baron von Loën, Generalintendant des Hoftheaters in Weimar, daß ihm „die oberste Leitung des Patronats" übertragen worden sei, und daß er die Bildung „eines allgemeinen Vorstandes", bestehend aus ihm und den Vorsitzenden der verschiedenen Wagnervereine für nothwendig erachte, um dann eine öffentliche Aufforderung zur Gründung weiterer Vereine zu erlassen.

Ich erklärte mich mit diesem Plane durchaus einverstanden und bat Baron von Loën, da sich mittlerweile nach dem Vorbild Mannheims verschiedene Vereine gebildet hatten, seine Absicht möglichst bald auszuführen. Trotz weiterer brieflicher und mündlicher Unterhandlungen mit Herrn Baron von Loën, der seine Aufgabe doch wohl zu sehr rein repräsentativ auffaßte, kam dieser „allgemeine Vorstand" nicht zur Organisation.

Da von Wien aus in den Zeitungen bekannt gemacht wurde, daß Wagner daselbst zwei Concerte leiten werde, frug ich bei dem Meister an, ob auch das Concert in Mannheim nunmehr angekündigt werden könne. Ich wollte ohne seine ausdrückliche Einwilligung nichts öffentlich bekannt geben, legte aber allem große Bedeutung bei, was geeignet erschien der Welt zu zeigen, daß das Unternehmen nicht mehr in der Luft schwebe.

Die aufreibenden Ansprüche, welche die Vorbereitungen an Wagner selbst stellten, ersah ich erst aus den beiden folgenden Briefen des Meisters und vermied in der nächsten Zeit jede drängende Anfrage wegen des Concertes.

Geehrtester Herr!

Entschuldigen Sie die bisherige Versäumniß meiner Antwort! Ich stand gerade in der letzten Zeit in anderweitiger lebhafter Correspondenz wegen der zunächst nothwendigen Schritte für den Angriff meiner Unternehmung, welche einen bedeutenden Aufschub erleiden muß, wenn nicht bereits in diesem Herbst noch die ersten Arbeiten am Aufbau des Theaters begonnen werden können. Es kommt mir darauf an, den jetzigen Bestand der Sammlungen schnell kennen zu lernen, um demgemäß entscheiden zu können, ob ich an den Architecten und den Maschinisten die nöthigen Aufträge ertheilen kann, weil, wenn die von mir angekündigte Zeit eingehalten werden soll, jetzt mit den Vorarbeiten begonnen werden muß. Ich ersuche Sie daher auch meinerseits im Besonderen, Herrn von Loën alsbald von dem vorläufigen Ergebnisse Ihrer Bemühungen in Mannheim in Kenntniß setzen zu wollen, so daß dieser im Stande ist, mir rechtzeitig das maßgebende Resultat anzeigen zu können.

Im günstigen Falle beabsichtige ich dann, mit dem Baumeister und dem Maschinisten, Ende dieses Monates Oktober in Bayreuth zusammenzutreffen, um alles Nöthige zu bestimmen, in Folge dessen die Grundsteinlegung vorgenommen werden könne, zu welcher ich Sie, geehrtester Herr, nebst den Vorständen der anderen Vereine einzuladen gedenke. In jeder Hinsicht würde eine solche Zusammenkunft, von welcher aus ich auch ein Wort an die Oeffentlichkeit zu richten haben würde, dem Fortgange unserer Unternehmung ersprießlich sein, weßhalb ich, selbst wenn spätere Verzögerungen eintreten sollten, die Ausführung meines Planes lebhaft wünschen muß. —

Es thut mir leid, daß eine sehr voreilige Ankündigung von Koncerten, welche ich in Wien zu geben beabsichtigen sollte, Sie in einem gewissen Sinne beunruhigt hat. Das Gerücht von meiner Ihnen für Mannheim gegebenen Zusage hat allerdings meinen Wiener Freunden den gleichen Wunsch meiner persönlichen Betheiligung erweckt, und ich konnte nicht anders, als nach Wien die gleiche Bereitwilligkeit, wie nach Mannheim zu erklären. Zu fürchten steht jetzt nur, daß jeder der Vereine in den verschiedenen Städten auf deren theilnahmvolle Mitwirkung ich rechnen muß, die gleichen Ansprüche an mich erheben wird, und mir dadurch, daß ich meine Kräfte, welche ich im aller angestrengtesten Maaße der Aufführung meines großen Werkes selbst zu opfern versprochen habe, im Voraus für die Zusammenbringung der materiellen Mittel erschöpfe, eine in ihren Folgen nicht zu berechnende Erschwerung bereitet werden kann. Ich theile Ihnen diese Besorgniß unverholen mit, ohne deshalb mein Ihnen gegebenes Versprechen zurückzuziehen: nur sollte es mich beruhigen, wenn ich Sie zu einiger

Geduld stimmen könnte, und wegen des Zeitpunktes meines Concert‑Besuches in Mannheim Sie mich nicht zu sehr drängen wollten. Auch nach Wien habe ich nur unbestimmte Zusagen noch zu geben vermocht: am Liebsten wäre es mir, wir träfen Alle bald in Bayreuth zusammen, wo dann auch diese Koncertangelegenheit sofort definitiv fest geordnet werden könnte. —

Mit wärmster Anerkennung Ihrer liebenswürdigsten Verdienste um mich, und mit der Bitte unsren werthen Freunden in Mannheim mich bestens zu empfehlen, verbleibe ich

hochachtungsvoll
Ihr ergebener

Luzern,   Richard Wagner.
1. October 1871.

Geehrter Herr Heckel!

Erlauben Sie mir, bei starker Beschäftigung, Ihnen hauptsächlich nur das Eine zu berichten, daß nach der eingegangenen Erklärung des Architekten der Bau des Theaters nicht vor März begonnen, somit auch der Grundstein nicht gelegt werden kann. Ich werde mich dagegen Ende dieses Monates nach Bayreuth begeben, um alle Besorgungen im Betreff des Grundstückes u. s. w. zu erledigen. Ich glaube aber, daß eine Zusammenkunft von Vereinsabgeordneten erst bei jener erwünschten Gelegenheit im März einen vorzüglichen Sinn haben wird. Bis dahin müßten wir wohl sehen, was jeder Verein für sich für Resultate erzielt. Ich bleibe stets noch geneigt, in der Zwischenzeit zu Ihnen zu kommen und ein Koncert zu dirigiren: Näheres muß ich

mir für eine etwas freiere Zeit, als gerade die gegenwärtige
mir vorbehalten.

Herzlichsten Gruß von Ihrem
ergebenen

Luzern,   Richard Wagner.
3. Novbr. 1871.

Schon vor einiger Zeit hatte ich an Wagner geschrieben:
„Ich denke die Beibringung der Mittel durch die Vereine,
macht Ihr geniales Unternehmen so recht zu einem
nationalen und wie schön wäre es, wenn sich eine Verbindung der Vereine fände — wonach ich mit ganzem Herzen
strebe — damit dieselben auch noch nach den ersten Aufführungen Ihres Bühnenfestspiels in Bayreuth fortbestehen würden, um jeder Zeit fördernd für Ihr weiteres
Wirken einzutreten.“

Da die Zusammenkunft der Vereinsvorstände verschoben
worden war, übersandte ich nunmehr selbst einen Plan zur
Organisation eines „Deutschen Wagnervereins“ an
Wagner. Ebenso nach Eintreffen seiner Antwort, den Entwurf eines „Aufrufes.“

Geehrtester Herr Heckel!

Ihr Vorschlag ist durchaus vortrefflich: kommt eine
solche Vereinigung mit Kraft zu Stande, so ist sie das was
ich irgend wünschen konnte. Einstweilen liegt die Stärke
der Situation noch ganz in den einzelnen mächtigen Theilen.
Einzelne sind es, die für jetzt die ergiebigste Unterstützung
bieten. Der Verein „Wagneriana“ in Berlin hat kürzlich

den Ankauf von sechzig (60) Patronatscheinen, und die
Stellung des ganzen Orchesters decretirt. Wien ver=
spricht ebenfalls in besonders ergiebiger Weise im Laufe
dieses Winters sich bezeigen zu wollen. In Leipzig ist da=
gegen bis jetzt $^3/_4$ Patronatschein gezeichnet worden: in
München — auf dem Vereinswege — so viel ich weiß, gar
nichts. Sie haben sich in Mannheim einzig rüstig bewährt.
Nichts desto weniger begreife ich, daß nur auf dem Wege
einer großen, allgemeinen Vereinigung das Unternehmen in
dauerndem u. folgenreichem Sinne gesichert werden kann:
und Ihre Vorschläge halte ich daher für mehr als bloß be=
achtenswerth.

Ueber die Zeit meiner Reise kann ich für jetzt noch
nicht mehr bestimmen, als daß sie spätestens in den ersten
Tagen des Dezember vor sich gehen soll, wo ich zunächst
mich mindestens zwei Tage in München aufzuhalten gedenke.
In Bayreuth regt sich Alles bereits in vertrauenerweckendster
Weise; man kommt mir auf das Ernstlichste entgegen.
Dort werde ich, namentlich im Betreff des Grundstückes
(welches mir sehr vermuthlich die Stadt schenken wird) Alles
Nöthige besorgen, damit im März der Bau beginnen ka nn
Wer sollten nun die Vereinshäupter sein, welche ich dorthin
(oder — nach Herrn von Loën's Dafürhalten — nach
Leipzig) berufen sollte? Außer Ihrem Verein in Mannheim,
wüßte ich keinen, der bisher etwas geleistet, ja nur als
Verein sich beachtenswerth gemacht hätte. Herr Dr. Kofka
will mit seinen Wienern eben auch erst zeigen, was an
der dortigen Sache sei. Somit glaube ich, daß eine Zu=
sammenberufung erst im nächsten März in Bayreuth Sinn
haben kann. Für jetzt scheint mir dagegen das einzig wich=
tige, wenn Sie in dem Sinne, welchen Sie mir durch

Ihren Entwurf mittheilten, einen lebhaften und stark accen=
tuirten Aufruf erließen. Was sich dem zu Folge bis nächsten
März tüchtig erwiesen hätte, würde sich dann zeigen, und
dann würde eine Zusammenberufung von mir, nach
Bayreuth (zur Grundsteinlegung) einen bedeutenden Sinn
haben.

Ich hoffe, Sie sind meiner Meinung, und haben viel=
leicht auch die Güte, hierüber Herrn von Loën sich mitzu=
theilen, indem Sie ihn zugleich bestens von mir grüßen.

Hochachtungsvoll ergebenst

Luzern,   Richard Wagner.
9. Novbr. 71.

Geehrter Herr!

Ich schicke Ihnen sogleich Ihren Entwurf, welchen ich
vollkommen billige, wieder zurück. So möge denn die Sache
ihren Lauf nehmen, und der Deutsche zeigen, daß er es
endlich versteht, so ernsten und anhaltenden Bemühungen
für einen schmachvoll verwahrlosten und dabei so unbegrenzt
einflußreichen Zweig der öffentlichen Kunst, an welche ich
mein Leben gesetzt habe, auch die nöthige Beachtung zu
schenken. Schön ermuthigend ist es, auf Leute Ihres Schlages,
bester Herr Heckel zu treffen. —

Von der „grünen Broschüre"*) über die Aufführung
des Nibelungenringes stehen Ihnen zum Zweck der Aus=

---

*) „Ueber die Aufführung des Bühnenfestspieles der Ring des
Nibelungen." Eine Mittheilung und Aufforderung an die Freunde
seiner Kunst von Richard Wagner, Leipzig Verlag von E. W. Fritzsch,
1871.

theilung auch von mir noch eine gute Anzahl zur Ver=
fügung. Wollen Sie, so schicke ich Ihnen welche. —

Im Betreff der Geldanlagen u. s. w. bitte ich Sie
doch einzig mit Herrn v. Loën zu vernehmen. Der Ban=
quier Cohn hat es aber auch übernommen, für die Ver=
zinsung der eingehenden Gelder bis zu ihrem Gebrauche zu
sorgen. —

Hochachtungsvoll grüßt Sie
Ihr ergebener

Luzern, Richard Wagner.
13. Nov. 71.

Eine Zeitungsnachricht in Darmstadt, das Hof=
theater daselbst sei für die Bühnenfestspiele in Aussicht ge=
nommen, veranlaßte mich vor Erlassung des erwähnten
öffentlichen Aufrufes bei Wagner in Tribschen telegraphisch
anzufragen. Er antwortete auf gleichem Wege:

Darmstadt unbekannt. Bodmer Stadtrath
Anerbietungen. Alles aus Unverständniß. Bay=
reuth wohlerwogen unveränderlich. Aufruf möge
unverhindert ergehen. Wagner.

Der vom Mannheimer Wagnerverein unterzeichnete
„Aufruf“ wurde nunmehr verschickt. Er fand theils durch
directe Versendung, theils durch den Abdruck in deutschen
und ausländischen Zeitungen die weiteste Verbreitung und
bewirkte, daß sich neue Vereine bildeten.

Einem Briefe an Wagner fügte ich meine Photographie
bei und streifte nochmals die Concertangelegenheit.

Ich wurde durch seine freundliche Zusage hoch er=
freut.

Die Anfrage, ob er selbst die Betheiligung des Karls=
ruher Orchesters zu erwirken beabsichtige, beantwortete er
telegraphisch:

— Verehrtester! Habe mit Ihnen in Mannheim aber
mit Niemand in Karlsruhe zu thun. Besorgung der Mittel
muß Ihnen gänzlich überlassen, stehe nur für meine Person.

Wagner.

Die Vorbereitungen zu dem Concert machten ver=
schiedene Anfragen nöthig, welche in drei weiteren Briefen
an mich ihre Beantwortung fanden.

Hochgeehrter Herr!

Um sogleich zu dem Punkte zu kommen, der Sie doch
wohl am lebhaftesten beschäftigt, erlaube ich mir Ihnen zu
melden, daß ich vom 16. Dezember Abends an Ihnen zu
einem Mannheimer Concert, wenn es denn sein muß, (um
einige 5 Fl. Contribuenten noch zu gewinnen!)*) zur Ver=
fügung stehe.

Die Proben könnten am 17. und 18., die Aufführung
am 19. oder 20. stattfinden. Da Ihr Saal klein ist,
fürchte ich Chor hinzuzuziehen. Wäre ein großes Lokal (und
somit st a r k e r Chor) möglich, so würde ich am Schluß des
Concertes aus den Meistersingen: „Wacht auf!" und den

---

*) Der Beitrag zum Mannheimer Wagnerverein betrug fünf
Gulden.

Schluß: „Ehrt eure deutschen Meister!" — mit Baryton=
solo (Hans Sachs) vorschlagen.

Außerdem 1. Ouverture zur Zauberflöte. (Mozart)

2. Symphonie in A.-dur. (Beethoven)

3. Vorspiel zu Lohengrin.

4. (Unter jener Bedingung) die genannten Bruch=
stücke aus den Meistersingern. Vorangehend: das Vorspiel
zu den Meistersingern.

Das Ganze könnte beginnen mit dem Kaisermarsch.
Dies Alles gäbe, glaube ich, genug Musik? —

Frau v. Muchanoff resibirt: W a r s c h a u, Palais
Potocki. —

Uebrigens Alles schön und in Ordnung. Bis 7. De=
zember bin ich hier. — Schönsten Dank für Ihre Photo=
graphie: in Mannheim soll man meine Physiognomie auch
abnehmen, damit ich Ihnen erwidern kann.

Mit hochachtungsvollem Gruße
Ihr ergebenster

25. November 1871. Richard Wagner.

Geehrtester Herr!

Es soll ein Concert sein, — folglich geht nun die
Beunruhigung los! Das wußte ich! —

Also! —

Ihre Anordnungen im Betreff der Zeit und den Proben
sind vortrefflich Daß Sie ein k l e i n e s Lokal haben, ist
schlimm: was heißt denn das „Theatersaal?"*)

---

*) Ich hatte in meinem Briefe diese Abkürzung für den Concert=
saal im Hoftheatergebäude gebraucht.

Wenn also keinen Chor, dann bitte ich gar nichts zu singen. Wir nehmen zum Schluß — statt der Schlußscene der Meistersinger — Vorspiel und Schlußsatz aus Tristan und Isolde. Die Stimmen hierzu bitte ich — in meinen Namen — vom Kapellmeister C. Eckert in Berlin sich auszubitten. Sie gehören mir, und sind diesem nur geliehen. —

Demnach das Programm folgendermaßen: Keine Theile. Sondern.

Zur Einleitung: Vorspiel zu Lohengrin.

1. Ouverture zur Zauberflöte.
2. **A.-dur** Symphonie.
3. Vorspiel zu den Meistersingern.
4. Vorspiel und Schlußsatz aus Tristan und Isolde
5. Kaisermarsch. —

Es sieht nicht sonderlich schön aus, wird sich aber gut anhören. —

Sechs gute Plätze möchten Sie mir jedenfalls aufbewahren. —

Auch für ein gutes Unterkommen hätten Sie wohl die Güte, Sorge zu tragen? Da ich mit meiner Frau in Mannheim zusammentreffe, welche sich dorthin von ihrem ältesten Töchterchen begleiten läßt, bedarf ich außer einem Wohnzimmer, zwei Schlafzimmer mit 3 Betten. —

Ich gratulire Ihnen zu der guten Aufnahme Ihres Aufrufes von Seiten der Zeitungen. Die „Allgemeine"*) hat allerdings noch nichts gebracht — vermuthlich aus triftigen Gründen. —

-----

*) Die Augsburger „Allgemeine Zeitung."

Grüßen Sie die Freunde, und seien Sie für Alles schönstens bedankt von

Ihrem ergebensten

Luzern, 27. November 71.   Richard Wagner.

*   *
*

18. Dezember.

Vormittag 1. (kleine Probe).

Nachmittag 2.   dito.

19. Dezember.

Vormittag: Nachprobe.

Abends: Hauptprobe.

20. Dezember. Eine kleine Privatunterhaltung für mich und sehr wenige nächste Freunde zum Durchspielen einer kleinen Privatkomposition. Wird als Gunst und besondere Gefälligkeit erbeten von

6 bis 8 1. } Violinisten.
7 „ 8 2. }
4 . . . . Bratschisten.
4 . . . . Violoncellisten.
2 bis 3 . . Contrabassisten.
1 . . . . Flötisten.
1 . . . . Hoboisten.
2 . . . . Clarinettisten.
2 . . . . Hornisten.
1 . . . . Fagottisten.
und 1 . . . . Trompeter.

Stimmen bringe ich mit.

Aus der Generalprobe so viel Geld schlagen als man will. Um den Charakter einer vorbereiteten Kunstleistung nicht zu verscherzen — finden die vorangehenden Proben jedoch unter uns statt. —

Dies, verehrtester Heckel, wären meine Dispositionen, um welche Sie mich befragen.

Passirt etwas, so bin ich vom 9. bis 12. in München (Adresse: Franz Mrazeck, Wittelsbacher Platz Nr. 3) dann in Bayreuth: Sonne. —

Mit herzlichem Gruß

Ihr ergebener

Richard Wagner.

Luzern, 6. Dezember 1871.

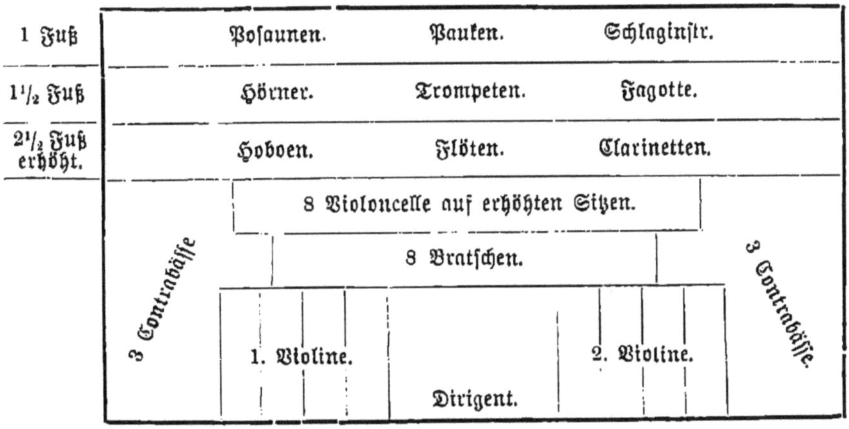
1 Fuß
Posaunen.
Pauken.
Schlaginstr.
1½ Fuß
Hörner.
Trompeten.
Fagotte.
2½ Fuß erhöht.
Hoboen.
Flöten.
Clarinetten.
8 Violoncelle auf erhöhten Sitzen.
8 Bratschen.
3 Contrabässe
1. Violine.
Dirigent.
2. Violine.
3 Contrabässe

Orchester.

Diesen Briefen reihten sich einige Telegramme an, darunter das folgende:

Programm mißverständlich. Bitte Einleitung Kaisermarsch. 3. Lohengrin. 4. Meistersinger. Schluß Tristan. Grund hiervon mündlich. Hoffentlich einleuchtend.

Wagner.

In der Nacht vom 16. zum 17. Dezember 1871 traf Wagner, von Bayreuth kommend, in Mannheim ein. Die Mitglieder des Wagnervereins hatten sich im Bahnhof versammelt und begrüßten ihn bei der Einfahrt mit einem donnernden Hoch:

„Ich bin doch kein Prinz!" rief er uns belustigt zu. Dann frug er nach mir und im Hotel zum „Europäischen Hof" angekommen, faßte er mich bei beiden Schultern mit den Worten: „Jetzt lassen Sie mich einmal sehen, wie der energische Mann aussieht."

Die nächsten Tage waren reich an aufregenden Erlebnissen.

Die Orchester-Mitglieder des Mannheimer und des Karlsruher Hoftheaters hatten ihre unentgeltliche Mitwirkung zugesagt. Als ich Wagner mittheilte, daß Vincenz Lachner ihm die vereinigten Orchester vor der ersten Probe vorstellen werde, da schnellte er vom Stuhl auf und rief: — „Heckel, das hätten Sie mir nicht anthun sollen. Ich reise wieder ab! — Menschen, wie diese Lachners, machen nun seit vielen Jahren mich und meine Werke schlecht. Komme ich an ihren Ort, so sind sie wieder die Ersten, die sich an mich herandrängen."

Es währte lange Zeit bis es mir gelang, den mit Recht empörten Mann zu beruhigen. Das Comité des Mannheimer Theaters hatte sich bei der Urlaubs-Gewährung an das Orchester ausbedungen, daß Lachner dessen Vorstellung überlassen bleibe.

Wagner dirigirte auswendig. Bei der ersten Probe brach er plötzlich während des Vorspiels zu „Tristan und Isolde" ab mit den Worten:

— „Was ist das? Ich weiß nicht weiter."

Wir ließen zur nächsten Probe aus Karlsruhe die Partitur kommen. Er schlug aber nur die eine Stelle nach, ohne der Partitur weiter zu bedürfen.

Frau Wagner war wenige Stunden nach des Meisters Ankunft in Begleitung Nietzsches in Mannheim ein= getroffen.

Bereits zur Hauptprobe fanden sich nicht nur aus der Umgebung der Stadt, sondern auch aus weiter Ferne Gäste ein.

Das Concert, dem auch Großherzog Friedrich von Baden und die Großherzogliche Familie beiwohnten, erweckte die lebhafteste Begeisterung, welche sich bereits stürmisch nach dem „Kaisermarsch" äußerte.

Diesen hatte Wagner bekanntlich ursprünglich für den Einzug der Truppen in Berlin bestimmt gehabt. Vor dem Kaiser sollte der Volksgesang von den Truppen selbst an= gestimmt werden. Das militärische Reglement ließ aber die Verwirklichung dieser Absicht nicht zu, so daß Wagner sich genöthigt sah, den Marsch für den Concertsaal einzurichten. Bei der Ausführung im Concertsaal legte er der Veran= schaulichung des Einzuges eine besondere Bedeutung bei. Unter seiner Leitung verwandelte sich daher der Marsch gleichsam in eine dramatische Scene.

Ueber das Concert sowohl als über das Festmahl, welches sich demselben anschloß und bei dem Wagner eine längere Ansprache des Vereinsvorstandes Dr. Zeroni eingehend beantwortete, hat Richard Pohl in einem

Aufsatz „Ein Wagner=Concert in Mannheim"*) ausführlich berichtet. Mit begeistertem Jubel begrüßten wir Wagners Worte: „Die Mannheimer haben in mir zuerst den Glauben an die praktische Verwirklichung meiner Pläne befestigt, sie haben mir bewiesen, wo für den deutschen Künstler der wahre Boden zu suchen ist: im Herzen der Nation. Schon der Name bezeichnet Mannheim als einen Ort, wo „Männer heimisch" sind. Bayreuth aber ist noch unentweihter echt jungfräulicher Boden für die Kunst. Aus der Verbindung Beider soll ein neues, jugendlich kräftiges Kunstleben entsprießen. Dies hoffe ich zuversichtlich und bringe ein Hoch aus auf die Freunde meiner Kunst in Mannheim, auf die ersten Gründer und Vorsteher des „Wagner=Vereins!"

Der Eifer der ausübenden Musiker ging während jener Tage oftmals — trotz ihrer so diametral entgegengesetzten Schulung durch Lachner — in die wärmste Begeisterung über. Nur der Concertmeister R. K. des Mannheimer Theaters, ein geborener Holländer, bewahrte seine feindselige Haltung. Nichtsdestoweniger ließ er sich die Leitung der Gesangvereine, welche Wagner gemeinsam ein Ständchen brachten, nicht nehmen, sondern trat an deren Spitze in den Saal, so daß Wagner mich mit komischem Erstaunen frug: „Will man mir denn eine Katzenmusik bringen?!"

Im Gegensatz hierzu zeigte es sich wie wenig auf solche „Wagnerianer" zu rechnen war, die eben nur mit dem Erfolg gingen. Weigerten sich doch verschiedene angesehene Mannheimer Bürger, die zum Festmahl erschienen waren,

---

*) Pohl: Richard Wagner, Studien und Kritiken (Bernh. Schlicke Leipzig.)

ihre Plätze am Tische Wagners einzunehmen. Man wollte nicht als zur eigentlichen Gemeinde gehörig betrachtet werden. So saßen die Lauen, Flauen und Grauen hübsch zur Seite, ohne an unserer Begeisterung mit dem Herzen theil zu nehmen. Unsere Hingebung an den Genius mochte uns schon damals und auch in der Folge zu manchem energischen und rücksichtslosen Vorgehen drängen; aber der allgemeine Widerstand verlangte es. Nicht nur der Gewinn neuer Anhänger, sondern auch der ohnmächtige Groll der Gegner galt uns in diesem Kampfe als Siegeszeichen.

Das blieb Wagner nicht verborgen und in diesem Sinne machte er bei dem Bankett, als er von den Förderern seines Unternehmens sprach, indem er mir die Hand drückte, die charakteristische Bemerkung: „— und hier der Heckel, der die Leute ärgert." —

Die in Wagners Brief vom 6. Dezember 1871 erwähnte „Privatcomposition", welche erst sieben Jahre später als „Siegfried=Idyll" in die Oeffentlichkeit gelangte, wurde in Mannheim am 20. Dezember 1871 zweimal unter des Meisters Leitung aufgeführt. Außer Frau Wagner, Nietzsche, Alexander Ritter und Frau, Pohl und Nohl wohnten noch der Vorstand des Wagnervereins, sowie Friedr. Wengler und Kapellmeister Handloser der Aufführung bei.

Vor seiner Veröffentlichung wurde dieses Idyll wohl nur noch einmal und zwar 1877 am Hofe in Meiningen gespielt.

*　　*
*

Durch einen Brief Pohls wußte ich, daß auch Baden=
Baden sich um die Errichtung des Festspielhauses daselbst
bewarb, aber Wagner war entschlossen an Bayreuth fest zu
halten. Auf einem Plane der Stadt, den er mit sich
führte, zeigte er uns den Platz, der für das Theater in
Aussicht genommen war und erzählte uns, daß die Thätig=
keit des Mannheimer Vereins und dessen öffentliche An=
kündigung des Concertes zum Besten einer „National=
bühne in Bayreuth" daselbst wesentlich das Ver=
trauen zu seinem Unternehmen befestigt hätten.

Schon bei seiner Ankunft in Mannheim hatte Wagner
mir mitgetheilt, er habe für mich etwas Besonderes ge=
schrieben, nämlich einen „Bericht an den deutschen Wagner=
verein." Dieser Aufsatz hat Aufnahme in den „Gesammelten
Schriften" (Bd. VI, 367 ff. und IX, 371 ff.) gefunden
mit Ausnahme des folgenden Schlußsatzes:

In diesem Sinne, und indem ich ihm diese Bedeutung
zulege, begrüße ich nun den „deutschen Wagner=Verein," von
welchem mir berichtet wird, daß er auf die freie Anregung
ergebener Freunde meiner Kunst und der von mir vertretenen
Idee in der Bildung begriffen sei. Vermeinte ich einst
verzweiflungsvoll, auf den Trümmern einer gewaltsamen
Zerstörung meine Fahne zur Versammlung der geretteten
edlen Bruchtheile einer kunstfeindlichen Kultur aufpflanzen
zu müssen, so habe ich jetzt, zu meinem unsäglichen Wohl=
gefühl, die gedeihlichen Elemente der von mir ersehenen
Kunst nur unter dieselbe Fahne zu versammeln, welche über
das so hoffnungsvoll wieder erstandene deutsche Reich dahin=
wehet, um aus den edelsten Bestandtheilen einer lange un=
gepflegten wahrhaft deutschen Kultur sofort aufzubauen, ja

den im deutschen Geiste lange unerkannt vorbereiteten Bau
nur zu enthüllen, indem ich von ihm die falsche Gewandung
hinwegziehe, die bald wie ein zerlöcherter Schleier in den
Lüften zerstieben und ſals dürftiger Fetzen ſich im Dienſte
einer neuen, reineren Kunſtatmoſphäre auflöſen wird.

Luzern,   Richard Wagner.
7. Dezember 1871.

Am Abend des 21. Dezembers reiſte Wagner wieder ab.

Der Erfolg des Mannheimer Concertes hatte die
Gegnerſchaft lebhaft aufgeregt und die Verbreitung ver-
ſchiedener Gerüchte veranlaßt, von denen ſich beſonders das-
jenige behauptete, Wagner ſei auf der Rückreiſe in Baſel
lebensgefährlich am Typhus erkrankt. Auf eine Anfrage
bei Profeſſor Nietzſche erhielt ich folgende telegraphiſche
Antwort:

Gerücht ganz unbegründet; beſte Nachrichten aus Tribſchen. Herzlichſte Neu-
jahrswünſche an Wagnerverein.

Profeſſor Nietzſche.

In ſeinen nächſten Briefen ſendet Wagner wiederholt
Grüße an die „fünf Gerechten". Mit dieſem Wort
pflegte er den Vorſtand des Mannheimer Wagnervereins
während der Concerttage zu bezeichnen. Außer dieſem Collet-
tivnamen hatte er jedem Einzelnen einen Sondernamen ver-
liehen. Dr. Zeroni, deſſen beredtes Verſtändniß in der
Anſprache nach dem Concert Wagners freudigen Beifall
gefunden hatte, wurde der „Sprecher" genannt; Ferdi-

nand Langer, der um seiner Wagnerfreundlichkeit
willen in seiner Stellung am Mannheimer Hoftheater be-
einträchtigt worden war, bezeichnete er als den „Gemaß-
regelten“, Hänlein, den er schon in Tribschen kennen
gelernt hatte, als den „Tribschener“, Koch als den „Zere-
monienmeister“ und mich als den „Strategen“.

Wie bei jeder ernsten Betrachtung, so offenbarte sich
auch im zwanglosen Verkehr seine rein künstlerische An-
schauung des Lebens, welcher die dogmatische Begriffser-
starrung fremd blieb. Mit dem köstlichsten Humor und un-
mittelbarstem Gegenwartsgefühl pflegte er alle Pedanterie
zu bannen und Jedem zum Herzen zu sprechen. —

Zum neuen Jahre als „dem Jahre der Grundsteinlegung
des Nationaltheaters in Bayreuth“ überwittelten wir telegraphische Glückwünsche des Wagnervereins, nachdem wir
vorher brieflich unseren herzlichsten Dank für das Concert
ausgesprochen hatten. Meiner Bitte, uns eine geeignete
Persönlichkeit zur Veranstaltung von Vorlesungen über seine
Werke und Ziele zu nennen, entsprach Wagner in seinem
nächsten Briefe.

Den fünf Gerechten Gruß und Segen!

Haben Sie Dank, werthe Freunde, für Ihren treuen
Eifer! Alles war schön, — nur hätte mein alter Freund
R. Pohl sich mitunter etwas besser fassen können. „Selbst-
verständlich“*) — beweist daß er „deutsche Kunst u. deutsche

---

*) Pohl hatte dieses Wort, dessen Unzulässigkeit Wagner in
„deutsche Kunst und deutsche Politik“, nachgewiesen hat, in seinem
Concertbericht angewendet.

Politik" nicht genau genug gelesen hat. — Da war der
Herr „Sprecher" anders beschlagen!" — Sie werden nun
meinen „Bericht" u. s. w. erhalten haben. Ganz besonders
wird Sie aber angehen, was ich in einer „Mittheilung"
an die W.-Vereine — in der 2. Nummer des Musik.
Wochenblattes sage. Ich denke Ihnen — und somit uns —
damit förderlich zu sein.

Uebrigens erführe ich gern vom „massiven" Bestand
der Dinge. Ich baue da in Bayreuth darauf los, und
weiß nicht, ob wir nicht am Ende stecken bleiben. Im Mai
müssen sich Alle darauf gefaßt machen, die Gemeindekasse
in Bayreuth, bei meinem vortrefflichen Banquier Feustel
zu decretiren. Wie ich denn überhaupt nun sehe, daß ich
anfangen muß ein Wort mitzureden, um der Sache einen
Mittelpunkt zu geben. Ich denke, die „Gerechten" stimmen
mir bei. — Der vortreffliche Loën konnte natürlich nur
ein Wegweiser für das erste Stadium sein.

Vorlesungen? — Ach, Gott! — Schön! Aber wer
soll vorlesen? jedenfalls muß er eine schönere Stimme
haben, als X in W., — auch könnte er weniger langweilig
sein. Dieses ist ein schreckliches Wesen (unter uns sechs
Gerechten gesagt!)

Den Geist und das Verständniß zu etwas hätte
H. Porges in München. Es wäre möglich, ihn dazu zu
bringen. Wenden Sie sich doch an ihn, und sagen Sie
ihm, daß ich ihn empfohlen hätte. Ich glaube er steckt
jetzt in Augsburg. Franz Mrazeck 3 Wittelsbacher
Platz (meine Münchener Adresse) würde wissen, ihn mit
einem Briefe aufzutreiben. —

Im Uebrigen lebe ich jetzt der allerhand schönen Erwartungen auf den deutschen Nationalgeist, auf welchen ich angewiesen bin. —

Was mir Freude macht, sind Leute wie Sie, verehrte Freunde: Sie wissen, was — und warum? Das Uebrige möge sich finden, wie die fromme Rede des Herrn Km. Lachner!

Tausend Dank für alle freundlichen Zeichen Ihrer Güte und Liebe, ich habe sie mit großer Rührung empfangen!

Seien Sie nochmals herzlichst gegrüßt

von

Ihrem ergebenen

Luzern,   Richard Wagner
3. Jan. 1872. (ehemaliger Pflegling des europäischen Hofes).

P. S. Wenn ich die Gerechten nicht speziell von meiner lieben Frau grüße, so geschieht dies in der Annahme, daß Sie wissen — und zwar aus Erfahrung — daß ich überhaupt nichts ohne sie thue, — sie somit überall mit dabei ist, wo ich etwas von mir gebe.

R. W.

Obige Bemerkung über die „fromme Rede Lachners", zielte auf eine persönliche Aeußerung Lachners, er habe bei der Vorstellung des Orchesters den Faden seiner Rede verloren und verschiedene „Kleinigkeiten" vergessen.

Mit großer Freude begrüßten wir es, daß Wagner in der „Mittheilung an die deutschen Wagnervereine" (Ges. Schriften Bd. X S. 386) in herzlichster Weise „der besonders energischen Freunde seiner Kunst in Mannheim" gedachte.

Die Mahnung Wagners bei der Förderung des Unternehmens, die Vereine niemals „mit einer Affoziation zum Betriebe eines chancengebenden Geschäftes zu verwechseln", wurde hauptsächlich durch Nietzsche angeregt, welcher mit Recht befürchtete, daß durch die geschäftliche Propaganda die Idealität des großen Unternehmens verdunkelt werden könnte.*)

Ich richtete an Wagner die Bitte, mir das Manuskript „Mittheilung" oder aber den „Bericht an den deutschen Wagnerverein" zu überlassen. Auch konnte ich ihm über neue Anknüpfungen in verschiedenen Städten Nachricht geben.

Frau Wagner antwortete auf meine Bitte:

Lieber Herr Heckel! Ich werde Ihnen eines der Manuscripte schicken, wenn auch mit schwerem Herzen, denn ich sammle ein jedes Blättchen meines Mannes für unsern Sohn! — — — Wenn ich sage, daß ich es nur schweren Herzens schicke, so müssen Sie mich nicht mißverstehen; ich wüßte keinen, dem ich es so gern überließe wie Ihnen, der Sie sich so verdient um die Sache gemacht haben." —

Einige Tage nachher übersandte mir Frau Wagner das Manuscript „Eine Mittheilung an die deutschen Wagner-Vereine" Es umfaßt sechs eng beschriebene Quartseiten und erweist sich durch verschiedene Veränderungen als die erste Niederschrift.

Am 22. Januar 1872 empfing ich von Luzern folgendes Telegramm:

---

*) Vergl. Karl Heckel „Richard Wagner und Friedrich Nietzsche". Eine Betrachtung aus der Vogelschau. (Neue Deutsche Rundschau 1896 Heft VIII.)

„Können Sie sofort als mein Bevoll=
mächtigter eine größere Reise von ent=
scheidender Wichtigkeit antreten, so kommen
Sie zuerst für genaue Instruktionen und
Vollmachten zu mir."

Wagner.

Meine Antwort lautete:

„Wohin? Und welche Zeit erfordert die Reise? Bitte
um Andeutungen des Zwecks, um darnach selbst die Zeit
zu ermessen, und ob ich überhaupt der ehrenden Mission
gewachsen bin. Emil Heckel.

Am 24. Januar telegraphirte ich ferner:

„Nach Empfang Ihres Telegramms alles geordnet.
Antwort erwartend; reisefertig, sobald Dauer der Reise be=
kannt." Emil Heckel.

Frau Wagner antwortete hierauf:

„Wagner bereits abgereist. Brief unterwegs, freund=
liche Grüße."

Mittlerweile traf auch Wagners Brief ein:

Geehrter Freund!

Ich ersah, daß Sie nicht bereit waren, und reise nun
heute selbst — nach Berlin (und zwar — falls Notizen
nöthig sind — einer Besprechung mit meinem
Architecten wegen.)

Vorläufig ergeht aber meine dringende Aufforderung
an Sie, die von Ihnen vermehrten Patronatscheine sofort
einzukassiren und die Beträge an Cohn nach Dessau zu
schicken. —

Weitere Mittheilung bald.

Berliner Adreſſe:

Kammergerichtsreferendar **Karl von Gersdorff.**
Alexanderſtr. 121, 1 Tr. rechts.

Mit herzlichen Grüßen
Ihr

Luzern,   R. Wagner.
24. Jan. 1872.

Ich ſchrieb dem Meiſter, daß ich, veranlaßt durch die
Worte „größere Reiſe," angenommen hatte, es ſei eine
längere Abweſenheit von Mannheim erforderlich. Eine ſolche
aber hätte vorher Diſpoſitionen in meinem Geſchäft nöthig
gemacht. Zugleich erklärte ich mich bereit, meinen Eifer
durch die That zu beweiſen, wann immer ſich Gelegenheit
dazu biete. Wagners nächſter Brief enthielt die Antwort
auf meine Anfrage, ob die Einſendung der verzinslich an=
gelegten Mitgliederbeiträge ſofort erforderlich ſei.

Geehrter Freund!

Das baare Geld wird wohl zuvörderſt nicht nöthig
ſein; dagegen bitte ich Sie **umgehend** eine genaue Speci=
fication des Beſtandes Ihres Vereines (Sie ſchrieben mir
zuletzt von 16 Patronatſcheinen) in der Weiſe, daß ſie
genau regiſtrirt werden können, an Herrn Bankier **Fried=
rich Feuſtel** in Baireuth einzuſenden. Ich ſelbſt werde
in der Zeit der Ankunft Ihres Brieſes in Bayreuth [ſein],
wo ich nun die energiſche Central=Verwaltung meiner An=

gelegenheit begründe, da es höchste Zeit war, aus dem bis=
herigen Dilettantismus herauszukommen.

Herzlichen Dank für Ihre Bereitwilligkeit zur Reise.
Sie können uns, wenn Sie diesen Eifer erhalten, uns
große Dienste leisten. Vor Allem ersuche ich Sie nach
Möglichkeit mir ein genaues Verzeichniß der bestehenden
Wagnervereine, nebst deren Adressen ermitteln zu wollen.
Werden Besprechungen nöthig, so rechne ich dann auf Sie.
Näheres ein ander Mal. Herzliche Grüße den Gerechten!

Ihr
ergebener

Berlin,   **Richard Wagner.**
8. Jan. 1872.

Wagner hatte, als der Bau des Festspielhauses be=
ginnen sollte, sich mit der Frage nach den verfügbaren
Mitteln sowohl an Herrn Baron von Loën in Weimar,
als auch an Herrn Hofbankier Cohn in Dessau gewandt.
Die von beiden Herren mitgetheilte Zahl gezeichneter Patro=
natscheine übertraf die Erwartungen. Aber bei der An=
wesenheit Wagners in Berlin hatte es sich zu seiner großen
Enttäuschung herausgestellt, daß von beiden Vertretern die
Zeichnungen des andern mit eingerechnet worden waren, so
daß sich die verfügbare Summe auf die Hälfte reduzirte.

Ich erklärte mich bereit zu einer Besprechung nach
Bayreuth zu kommen und führte diese Absicht aus, nachdem
Wagner telegraphisch geantwortet hatte:

Ihr Kommen hierher sehr angenehm. Erwarte Sie.

Richard Wagner.

Der Meister begründete nunmehr die bereits in seinem Briefe aus Berlin erwähnte „Central-Verwaltung" in Bayreuth und schuf damit den so lange erstrebten Mittelpunkt für die Patrone und die Thätigkeit der Vereine.

Er fand in den Herren Bürgermeister Muncker, Bankier Feustel und Königl. Advokat Kaefferlein in Bayreuth diejenigen Freunde seines Unternehmens, welche sich der Mühe der geschäftlichen Centralleitung unterzogen und sich, wie bekannt, vorzüglich bewährten.

Die Vorbereitungen zum Bau wurden nunmehr beschlossen. Der Platz am Stuckberg, welchen die Stadt dem Meister zur Errichtung des Festspielhauses überlassen wollte, für den aber später derjenige an der hohen Warte gewählt wurde, fand seinen vollen Beifall. Als ich von einer Besichtigung des Platzes zu Wagner zurückkehrte und die schöne Lage rühmte, war ihm mein Urtheil zu ruhig. „Entzückend, bezaubernd ist dieser Punkt," rief er lebhaft aus. „Wie ein Mannheimer so nüchtern in seinem Urtheil sein kann!"

Von Bayreuth begab ich mich nach Leipzig zu einer Besprechung mit dem dortigen Wagnervereins-Vorstand und dann nach Berlin. Hier besuchte ich Herrn L...., welcher mir in seinem Notizbuch unverbindliche Zeichnungen für das Unternehmen im Betrage von 60 000 Thalern zeigte, aber durch Andeutungen merken ließ, daß dieselben ohne Erfüllung gewisser Bedingungen, wie Verpflanzung der Festspiele nach Berlin u. s. w., nicht flüssig zu machen seien. Herr L......, welcher viel Eifer zeigte auf seine Weise der Sache zu nützen, hatte bereits an eine hochgestellte Gönnerin des Unternehmens, Freifrau von Schleinitz, seine Vorschläge gerichtet. Er erbot sich zur Veranſtaltung einer Lotterie und erſuchte mich, hierüber, trotz meiner unverhohlenen Antipathie gegen derartige Mittel, an Wagner zu ſchreiben.

Ich theilte dem Meiſter brieflich L . . . . . .'s Plan mit und erhielt, wie nicht anders zu erwarten war, eine Antwort, welche dieſen Vorſchlag energiſch zurück wies.

Lieber Gerechter!

Haben Sie noch nachträglich Dank für Ihren Beſuch in Bayreuth, ſowie neuerdings für Ihre Berichte über Ihr Berliner Abenteuer! Um im letzteren Betreff ſogleich den ernſtlichſten Punkt zu berühren, ſo erſuche ich Sie — da Herr L. meine Meinung durch Sie zu erfahren erwartet — dieſem Gönner mitzutheilen, daß ich zu der von ihm projektirten Loterie in keinem Falle meine Zuſtimmung geben werde.

Es kann wirklich nichts demüthigender ſein als die Lage, in welche ich durch übertriebene Gerüchte über die Bedeutung einer „Wagneriana“ in Berlin verlockt worden bin, indem ich hier eine Hilfe in Anſpruch nehmen zu dürfen glaubte, wo ich auf einen Triebſand gerathen mußte.

Wenn man mir 200 000 Th. zur Verwirklichung meiner Ideen anbieten wird, ſo werde ich Demjenigen, der ſie mir auszahlt ſehr erkenntlich ſein: dagegen, von mir die Auto= riſation zu einer Loterie zu fordern, hat mir nach den an der „Wagneriana“ gemachten Erfahrungen einfach als ein ſtreng zurückzuweiſender Schwindel zu gelten, von dem mir lediglich der Skandal, Herrn L. aber die Wichtigkeit ſeines Verkehrs mit einer hochgeſtellten Frau bleiben würde, welchem ich meinerſeits ein Ende gemacht zu ſehen wünſche. —

— Verfrüht, geehrtester Freund, erscheint mir allerdings auch (wenn auch aus anderen Gründen als den Leipzigern) die Aufforderung zu einem Vereine, dessen Tendenz schon über das nächste, so schwierig zu erreichende Ziel der ersten Aufführung meines Bühnenfestspieles hinausverlegt wäre.

Für dieses nächste Ziel zu sorgen, wird bereits alle unsere Kräfte in Anspruch nehmen: ich werde es erreichen, wenn man mir in der Geduld beisteht; meine einzige Sorge ist hier auf meine Abhängigkeit vom König von Bayern gerichtet. —

Für die 9. Symphonie werbe ich bereits, und erwarte im Betreff der Instrumentisten in Kurzem die bestimmenden Nachrichten. Glückt die Grundsteinlegung nach meinem Programm, so verhoffe ich mir von dem Eindrucke davon viel gute Hilfe. —

Nun grüßen Sie bestens die fünf Collegen in der Gerechtigkeit! Auf freundliches Wiedersehen in Bayreuth.

Ihr
herzlich ergebener

Luzern,   Richard Wagner.
16. Febr. 1872.

Im Auftrag Wagners ersuchte mich Herr Concertmeister Will aus Karlsruhe, in Mannheim die Mitwirkung verschiedener Musiker bei der Aufführung der „Neunten Symphonie" zu veranlassen. Ich entsprach diesem Wunsch und erlangte durch Herrn Aug. Scipio, Mitglied des Hoftheater-Comité's, die Urlaubsbewilligung für dieselben.

Lieber Freund!

Kurz und bündig!

Ihr seid mir mit sechs Musikern zu wenig: ich hätte gern noch v i e r, darunter auch einen guten Bratschisten.

Wie sind eure Hörner?

Schönen Dank für die Verwendung von Scipio Afrikanus! —

Die Karlsruher machen mir noch Noth! — Am promptesten war Berlin und Wien; sie schicken mir ihre Elite! —

Zur Herzstärkung: —

Herr H. W. Riehl*) bekommt für seine Mannheimer Vorlesungen nächstens von mir einen Denkzettel zu tragen. Wird Ihnen recht sein. —

Grüßen Sie mir die Gerechten herzlichst. Zeroni soll leben, schon um seines schönen Namen's willen! Ja, wenn wir so hießen: Gelt? Aber so. — „Wagner" „Heckel" — unausstehlich! — Aber Gott segnet uns Alle, Sie werden's erleben! —

Ihr

Luzern,   R i c h a r d W a g n e r.
15. März 1872.

Anläßlich der Uebersiedlung des Meisters von Luzern nach Bayreuth übersandten die „Gründer des ersten Wagner-vereins" dem Meister ein Begrüßungstelegramm.

---

*) Riehl hatte in Mannheim die Gründung von „Trutzvereinen" gegen Wagner und seine Freunde empfohlen.

Werthester Freund!

Den „Gerechten“ noch meinen herzlichsten Dank für Ihren schönen Gruß, welchen ich in Uebersiedelungs= und Festvorbereitungsnoth nicht sofort beantworten konnte.

Im Drange der Geschäfte nur noch, zur Versicherung unserer Abmachungen, Folgendes:

Ich rechne aus Mannheim als Orchesterkontingent auf:

2 Viol. I.
2 Viol. II.
1 Bratsche.
1 Violoncell.
1 Flöte (II.)
1 Pauker.

Also 8 Musiker, für welche ich unseren Ausschuß zu ferneren Mittheilungen an Hdr. Langer weisen will.

Ist's so in Ordnung?

Können Sie mir ein Paar Pauken (vorzügliche) leihen und mit herschaffen? — Wohl kaum!)

Herzlichen Gruß an die „Gründer“,
Zum Hohne aller „Sünder“! —

Weib und Kind sind hier glücklicher —

Am 5. geht es nach Wien. Briefe an meinen Ver= waltungsrath.

Der Ihrige

Fantaisie, bei Bayreuth,   R. Wagner.
3. Mai 1872.

Wagners Einladung zur Grundsteinlegung am 22. Mai 1872 leistete ich in freudigster Erregung Folge. Ich reiste schon am 16. Mai nach Bayreuth und wohnte mit Hans Richter bei Wagner auf der Fantaisie.

Der Meister war in der heitersten Stimmung und schon auf der gemeinsamen Fahrt von der Stadt nach der Fantaisie sprudelte sein Humor. Sein Lieblingshund Ruß, der ihn auf allen Spaziergängen begleitete, sprang lustig neben dem Wagen her. Wagner schätzte die treue Anhäng= lichkeit dieses Thieres unendlich hoch. Als es gestorben war, begrub er es in seinem Garten, zunächst der für ihn selbst bestimmten Gruft und setzte ihm einen Stein mit den Worten „Hier ruht und wacht Wagner's Ruß.“ Die Liebe Wagners zu den ihn umgebenden Thieren trug in der That einen rührenden Charakter.

Auf der Fantaisie sang und spielte uns der Meister abends am Flügel den eben erst vollendeten „Aufruf Hagens an die Mannen“ vor.

Wagners Stimme klang meistens voll und kräftig und erzielte die beabsichtigte dramatische Wirkung und drastische Deutlichkeit mit großer Energie.

Im markgräflichen Opernhaus bei den Proben zur „Neunten Symphonie“ zeigte sich wieder seine unvergleich= liche Macht, die Kräfte der Mitwirkenden über ihr ge= wohntes Maß hinaus zu steigern.

Als Niemann von der sogenannten „Trompeterloge“ aus, wo die Solisten sich aufgestellt hatten, bei Beginn des Solo=Quartetts hinunter rief: „Meister, wenn Sie mir hier keinen Takt schlagen, kann ich nicht singen,“ antwortete Wagner: „Ich schlage keinen Takt — denn dadurch würde der Vortrag steif, Sie müssen diesen Satz ganz frei singen. Sie sind ein so vorzüglicher Künstler und können es. Darum habe ich Sie und die Andern zum Quartett gewählt. Ich male es Ihnen in die Luft.“

Auch bei dem Solo der Celli und Bässe sagte er:

„Meine Herren, das müssen Sie jetzt auswendig können. Sehen Sie mich an. Es giebt kein Taktschlagen. Ich zeichne es Ihnen in die Luft. Das muß sprechen wie ein Rezitativ."

Die Wirkung war eine wunderbare.

Auf Professor Riedels Frage: „Singen wir, was die Mode frei getheilt?" antwortete er: „Wir singen frech getheilt!" und im Nachdruck seiner Betonung lag gleichsam ein Wiederklang des Ingrimms mit dem Beethoven selbst jene Aenderung vorgenommen haben mochte.

Frau Wagner nahm dem Meister, wenn es irgend anging, alle unangenehmen Erledigungen ab. Ein Berliner Journalist hatte eine unwahre Nachricht über Bismarck und das Bayreuther Unternehmen an seine Zeitung telegraphirt. Es war kaum zu erwarten, daß ein einfaches Dementi die Möglichkeit schädigender Folgen ausschloß. Als sich der Berichterstatter vor der Abfahrt zur Grundsteinlegung im Hause des Bankiers Feustel, wo wir uns versammelt hatten, einfand, ersuchte Frau Wagner Nietzsche und mich in den Vorraum zu treten um Zeugen einer Abfertigung zu sein. Hier hielt Frau Wagner mit außerordentlicher Größe und Feinheit dem Betreffenden die ganze Schändlichkeit eines Gebahrens vor, welches, um der Sensation willen, unwahre Gerüchte verbreitet, ohne Rücksicht auf das Schicksal eines großen Unternehmens. Der Zurechtgewiesene verlor vollständig die Fassung. Er fügte sich allen Vorschriften und verließ Bayreuth.

Frau Wagner hatte mit sicherer Beredsamkeit meine innersten Gefühle und Gedanken über das Verhältniß eines Volkes zum Genius seiner Zeit ausgesprochen. Es war ein von heiligem Zorn erfülltes Praeludium zu den Eindrücken,

die wir nach der Abfahrt zum Festspielhügel daselbst em=
pfangen sollten.

Ein herrliches Bild bot Niemanns Hünengestalt, als
er plötzlich bei der Grundsteinlegung vordrang und, anzu=
sehen wie die lebendige Verkörperung eines Wagner'schen
Helden, mit dem Hammer zu gewaltigem Schlage ausholte.
Der Meister drückte ihm tiefbewegt die Hand.

Nach der Grundsteinlegung fuhr Wagner mit N i e tz s c h e ,
v o n G e r s d o r f und mir nach der Stadt zurück. Er
saß ernst und schweigend und sah, wie Nietzsche es so
treffend bezeichnet hat, „mit einem Blicke lange in sich
hinein." Wohl mochte in dieser Stunde sich ihm alles
Erlebte zusammendrängen und sein inneres Schauen mit
seltener Schärfe das Nächste wie das Fernste erkennen. Aber
wie in seinen Werken sich jede Stimmung und Reflexion
zur Handlung verdichtete, so fühlte er auch diesmal sich ge=
drängt, was ihn so mächtig erfüllte, durch die That kund=
zugeben. Er faßte es zusammen in einer telegraphischen
Mittheilung an „seinen König", der ihm am Vormittage
auf gleichem Wege seinen Gruß mit den Worten: „Ich bin
heute mehr denn je im Geiste mit Ihnen vereint" gesandt
hatte.

Des starken Regens wegen begab sich die Versamm=
lung in das Markgräfliche Opernhaus.

Hier ergriff Wagner selbst das Wort. Er sprach die
„Festrede" (Ges. Schr. Bd. IX S. 388) nach der Grund=
steinlegung im festen Glauben an sein deutsches Volk so
klar, ruhig und überzeugend, daß sein unerschütterliches
Vertrauen sich in das Herz jedes Hörers senkte. Die Be=
zeichnung „Nationaltheater in Bayreuth", welche ich an=
läßlich des Mannheimer Conzertes gebraucht hatte, wies er

in dieser Rede als unberechtigt zurück, denn wo „wäre die Nation, welche dieses Theater sich errichtete?" Aber er bezeichnete den Bau als geweiht von dem deutschen Geiste der „über die Jahrhunderte hinweg seinen jugendlichen Morgengruß uns zujauchzte."

Nietzsche hat die Eindrücke jener Tage wiedergegeben in seiner „Unzeitgemäßen Betrachtung: Richard Wagner in Bayreuth." Auch später noch, als die Gegensätzlichkeit der Ziele ihren Weg getrennt hatte, gedachte Nietzsche mit Wärme „der unvergleichlichen Tage der Grundsteinlegung und der kleinen zugehörigen Gesellschaft die sie feierte."

*　　*
*

Von Frau Wagner erfuhr ich zu jener Zeit, daß Wagner vier Schauspiele im Kopfe vollständig concipirt hatte, nämlich: „Luther," „Friedrich der Große", „Hans Sachs (zweite Ehe)" und „Herzog Bernhard von Weimar".

Ferner sind inhaltsreiche Gespräche Wagners mit bedeutenden Männern, wie Liszt, Nietzsche, Gobineau, Heinr. von Stein u. a. niedergeschrieben. Herrliches harrt somit noch der Veröffentlichung. Außer Wagners „Selbstbiographie" und dem „Briefwechsel mit seinem König" die erwähnten Gespräche. Unwillkürlich fließt mir der Wunsch in die Feder auch diese Veröffentlichungen noch erleben zu dürfen!

— — Nach meiner Rückkehr nach Mannheim übermittelte ich Wagner die Angebote zweier begeisterter Musiker und eines mir verwandten Malers zur Mitwirkung bei den Festspielen. Betreffs des Letzteren, dessen Einrichtung des

„Fliegenden Holländer" in Mannheim später Wagners vollen
Beifall fand, übersandte mir der Meister einen abrathenden
Brief Karl Brandt's und fügte folgende Worte hinzu:

Theuerster Freund!

Sehen Sie, so — schreibt mir Brandt! Seien Sie
nicht böse, aber — Sie sehen doch, daß ich Ihre Anfrage
beachtet habe und mich bei meinem Gewährsmanne deßhalb
erkundigte! — Mit den Musikern ist es wohl noch ein
bischen zu zeitig! Kinder, Kinder! Ich hab' erst noch andere
Lämmer zu hüten! —

Der Aufruf war einstweilen, wie Sie eben schrieben! —

Nächstens bekommen auch die Mannheimer ein Andenken
an Bayreuth und   meine

                    Wenigkeit,
welche sich Ihnen und den fünf Gerechten herzlichst empfiehlt.

Fantaisie, 15. Juni 1872, Abend.

* *

Bester Freund!

Man kann doch nicht vorsichtig genug sein! Da ist es
mir denn wieder begegnet, daß ich — bis zum Empfange
des Briefes von Brandt — es wieder vergessen hatte, daß
Ihr Empfohlener Ihr Schwager sei, und nun beging ich —
unabsichtlich — die Unzartheit, Sie über einen Mann, der
Ihnen nahe steht, in unzarter Weise zu benachrichtigen! —

Aber, Freund, wahrlich: mir — gerade wie ich nun
bin, immer aufgeregt und von etwas eingenommen, —
kommt zu vieles dergleichen, wie Fragen u. s. w. vor; ich
werde dann confus und unwillig, und mache es endlich ab,
wie es gerade kommt.

Uebrigens — hat es aber mit den Decorationen noch etwas Zeit! Ich brauche noch ein paar Monate für meine eigene Arbeit; dann sehe ich mich selbst in Germanien links und rechts um, und gewiß komme ich dann auch zu Ihnen nach Mannheim, wo dann Gott das Weitere fügen wird. —

Erhalten Sie mir Ihre Freundschaft, daran soll vorläufig genügen

Ihrem ergebensten

Bayreuth,   Rich. Wagner.
22. Juni 72.

Einem früheren Versprechen gemäß schickte mir Frau Wagner Photographien des Meisters für die „fünf Gerechten".

In meinem Dankschreiben lud ich Wagner ein, wenn er nach Mannheim komme, bei mir zu wohnen. Gleichzeitig theilte ich Frau Wagner mit, daß ich bestrebt sei für den Mannheimer Wagnerverein den „Mutterverein", wie ihn Hans Richter getauft hatte, zu seinen 448 Mitgliedern auch die „echtesten Wagnerianer" zu gewinnen. Ich bat Frau Wagner sich ebenfalls in den Verein aufnehmen zu lassen, nachdem Frau von Schleiniß dem gleichen Wunsche entsprochen hatte.

Die freundliche Zusage traf bald ein; ebenso von Franz Liszt, an den ich dieselbe Bitte richtete.

Lieber Herr Heckel!

Von ganzem Herzen trete ich dem Vereine bei; Sie werden mich an meine Verpflichtungen erinnern, wann nämlich ich diesen nachzukommen habe.

Mit großer Freude würde Wagner Ihr Anerbieten, das so freundliche — annehmen, werden Sie aber lieber Herr Heckel, mich mit aufnehmen können? Ich beanspruche zwar durchaus nichts besonderes, ich weiß aber nicht wie es mit dem Raum Ihrer Wohnung steht und ob es Ihrer Frau Gemahlin recht sein wird, zwei Gäste für einen aufzunehmen.

Der Theaterbau geht rüstig vorwärts, und die Erlaubniß, die der Magistrat neulich gab — und zwar feierlich — Wurst auf dem Platz zu verkaufen, hat uns viel Vergnügen gemacht. —

Herzliche Grüße von Haus zu Haus!

Fantaisie,   Cosima Wagner.
11. Juli 1872.

Sehr geehrter Herr!

Unablässige Abhaltungen verspäteten bis heute meinen Dank für ihr verbindliches Schreiben angelegentlich des Mannheimer Wagner-Vereins.

Als mir zuerst, im Mai vorigen Jahres, Tausig Näheres mittheilte von dem großen Vorhaben der Nibelungen-Aufführung in Bayreuth, zeichnete ich sogleich drei Patronat-Scheine. Mein geringes Einkommen gestattet mir leider nicht einen beträchtlicheren Beitrag. Indessen bin ich auch, seit dem vorigen Jahre, als Mitglied des „allgemeinen deutschen Musikverein" dem Leipziger Wagnerverein zugesellt, und da Sie so freundlich sind mich zu ihrem Mannheimer „Mutterverein" aufzufordern, erlaube ich mir anbei den Betrag von 15 Gulden (für die Jahre 1871, 72 und 73 — nach Angabe der Statuten) zu übersenden.

Empfangen Sie, sehr geehrter Herr, die Versicherung meiner besonderen Hochschätzung ihrer thatkräftigen Verdienste um die Wagner-Vereine, und den Ausdruck meiner aufrichtigen Ergebenheit.

Weimar,   F. Liszt.
17. September 72.

Ich ersuchte Liszt zum Besten von Bayreuth und zur Freude aller Musikfreunde seine Concertthätigkeit nochmals aufnehmen zu wollen, in der Ueberzeugung, daß das Unternehmen auf diese Weise eine große Förderung erfahren würde. Leider ging dieser Wunsch nicht in Erfüllung.

Um jene Zeit stand ich ferner in regem Briefwechsel mit Hans von Bülow, der bereit war, nach Mannheim zu kommen und an die Stelle Lachners zu treten. Aber Lachner entschloß sich in letzter Stunde, sein eingereichtes Gesuch um Pensionirung zurückzuziehen und vereitelte so die beabsichtigte große Reform des Mannheimer Hoftheaters.*)

*　　*
*

Am 10. November 1872 trat Wagner mit seiner Frau eine größere Reise durch Deutschland an, um die Opernkräfte der Theater kennen zu lernen. Außer den hier folgenden Briefen erhielt ich mehrere Telegramme, in denen er mich zunächst von einer Verzögerung seiner Abreise in Würzburg unterrichtete und dann die Stunde seiner Ankunft in Mannheim mittheilte.

---

*) Vergl. Karl Heckel „Hans von Bülows Plan eines deutschen Nationaltheaters." (Neue Deutsche Rundschau VII 11.)

Werthester Freund!

Wollten Sie mir vielleicht — nämlich wenn Ihnen dies nicht zu beschwerlich ist — das Opernrepertoire von Mannheim — vielleicht auch Carlsruhe — etwa vom nächsten Sonntag ab — anmelden, so würde mich Ihre Notiz in Würzburg, (Conzertmeister A. Ritter), antreffen, wohin ich diesen Mittwoch verreise, um dort zugleich von Darmstadt her eine Notiz zu erwarten. Welches Theater nun auch — je nach dem Anreize, den es mir bietet — zuerst daran kommen möge, jedenfalls sehen wir auch Sie bald, und hoffe ich, daß die lieben Gerechten während der Zeit nicht ungerecht geworden sind.

Mit herzlichstem Gruße

Bayreuth,   Ihr ergebener

Montag, 4. Nov. 72.   Richard Wagner.

Lieber Freund!

Nach Ueberrechnung aller mir gebotenen Chancen, für deren Vermehrung ich Ihnen herzlich danke, gedenken wir nächsten Sonntag bei Ihnen den „Fliegenden Holländer" akustisch zu beobachten. Hierzu aber treffen wir bereits am Freitag von Frankfurt her bei Ihnen ein, und verweilen bis Montag früh, so daß Sie für diese Zeit in allgerechter Weise über mich verfügen können.

In alter dankbarer Freundschaft

Ihr ergebener

Würzburg,   Richard Wagner.

11. Nov. 72.

Ihre Nachrichten erbitte ich mir Frankfurt poste= oder Stationsrestante.

Den 15. November trafen Wagner und seine Frau in Mannheim ein. In meinem Hause angekommen ließ sich Wagner zuerst alle Zimmer zeigen, um zur Ueberzeugung zu gelangen, daß meine Familie sich nicht zu sehr um seinetwillen eingeschränkt habe.

Auf Veranlassung meines Bruders, C. F. Heckel, des Präsidenten der „Liedertafel", brachte dieser Verein am nächsten Morgen Wagner ein Ständchen.

Am Abend besuchten wir Nohl's Vorlesung über „das deutsche Musikdrama".

Die Nohl'sche Bezeichnung „Musikdrama" gab Wagner Veranlassung, sowohl gegen diesen Ausdruck, als gegen die Benennung „musikalisches Drama" in seinem bekannten Aufsatz Verwahrung einzulegen. Ich halte die Bezeichnung Chamberlain's „deutsches Drama" in dem von Chamberlain unterlegten Sinne für die geeignetste. Nur Einer konnte es schaffen! So Viele auch heute glauben mögen, es auch zu können.

Nach der Vorlesung brachte Wagner den Rest des Abends im Familienkreise bei mir zu.

Auch am folgenden Tage wurde ihm ein musikalischer Morgengruß gebracht. Das Hornquartett des Hoftheaters spielte das Preislied und den Chor „Wach' auf" aus den Meistersingern in Bearbeitungen von Ferd. Langer, von denen sich Frau Wagner später wiederholt von mir Abschriften zusenden ließ. Sehr erfreut wurde Wagner durch eine herzliche und verständnißvolle Ansprache des Flötisten Neuhofer, der treu zu seiner Sache stand.

In meinem Musiksaal spielte Wagner uns die kurz zuvor vollendete „Nornen-Scene" und „Siegfrieds Rheinfahrt nach Gibichungen" vor. Als er sah, daß meine

Augen auf seinen Fingern ruhten, sagte er lustig: „Merken Sie nur genau auf, sehen Sie, ich mache es nicht wie die gewöhnlichen Clavierspieler, die mit dem Daumen unter= schlagen, nein, sehen Sie, ich schlage mit dem Daumen ü b e r die Hand".

Auch bei dem „Frühschoppen", den wir täglich um 12 Uhr nahmen, war er stets zu übermüthigen Scherzen aufgelegt.

Wir hatten ihn, ehe er das Theater besuchte, von Lachners Strichen im „Fliegenden Holländer" unterrichtet, aber als diese noch das Maß seiner Erwartungen über= stiegen, verließ er das Theater nach dem zweiten Akt aufs äußerste empört. Er achtete nicht auf den lauten Applaus des Publikums, das den Meister zu sehen verlangte. Schon daß Lachner die Ouverture ohne den später beigefügten Schluß spielte, hatte ihn aufgeregt, besonders aber empörten ihn die willkürlichen Auslassungen im zweiten Akt, da er in diesen eine absichtliche Entstellung sah.

Große Aufmerksamkeit widmete er dem Zuhörerraum des Theaters, das von meinem Schwiegervater Joseph M ü h l b o r f e r so umgebaut worden war, daß zwischen der Bühne und dem Auditorium ein in den Seiten vertiefter leerer Raum geblieben war, wodurch die Isolirung des scenischen Bildes vorbereitet wurde. Wagner hat sich später ausführlicher (Ges. Schriften IX 402) über diesen „vor= trefflichen Gedanken des Baumeisters" ausgesprochen.

In früheren Jahren war Wagner einmal mit Mühl= dorfer, der 1863 starb, direct in Verbindung getreten. Der Meister erzählte hierüber einem Wiener Freund*):

---

*) Neue Musikalische Presse Jahrg. V Nr. 29.

„. . .   ich entschloß mich dem berühmten Decorations=
maler Gropius in Berlin und dem genialen Theater=
maschinisten Mühldorfer in Mannheim (dem Erfinder
des Wandeldecoration für den „Oberon") das Buch [die
Dichtung zum Ring der Nibelungen] mit der Anfrage zu
schicken, ob das darin Geforderte technisch ausführbar sei.
Beide, [als ehrgeizige Vertreter ihres Faches, antworteten:
„Ja, Alles sei zu machen."

*   *   *

Wagner besaß das scharfe Auge eines Satirikers für die
Lächerlichkeit des Dünkels. Als er bei mir am Fenster saß
und die Correctur der Druckbogen zur Dichtung der „Meister=
singer" besorgte, amüsirte es ihn köstlich, daß eine lange
hagere Gestalt im Hause gegenüber gravitätisch auf und
ab ging und seine Aufmerksamkeit durch ein Poesiebuch in
leuchtendem hochrothen Einband zu erwecken suchte. Es
war der damalige Hoftheaterpräsident R. der es ablehnte,
von Wagner Notiz zu nehmen, ehe dieser ihm einen „pflicht=
schuldigen" Besuch gemacht habe.

So wenig Wagner von einem sich natürlich gebenden
naiven Menschen irgend welche Unterwürfigkeit heischte, so
scharf geißelte er dagegen den anmaßenden Hochmuth von
Leuten ohne eigenen Werth in hervortretender Stellung.

Der deutsche Philister und seine Wortführer haben um=
gekehrt stets ihren Spott gegen den Genius und seine Werke
gerichtet; denn „das Erhabene zu verspotten scheint aller=
dings leichter, als das Nichtige in seinem lächerlichen Ernste
zu zeigen!"

Die Lachner'schen Striche wurden noch oft im Gespräche berührt, manchesmal auch im heiteren Sinne. So fügte es sich eines Abends, daß Musikdirektor Langer uns verließ, um die damals noch übliche „Zwischenaktsmusik" im Theater zu dirigiren. Als Langer auf Wagners Frage, was er denn spielen lasse, antwortete, es seien wohl einige geschickte Arrangements vorhanden, aber die genügten eigentlich nicht, rief Wagner: „Wissen Sie was, lassen Sie doch alles, was man in meinen Werken gestrichen hat, spielen, das reicht für Jahre aus."

Hohes Interesse boten Wagners Erzählungen aus seinem Leben und über seine Begegnungen mit bedeutenden Männern. So sprach er mit mir lange von seinem Besuche bei Bismarck und daß dieser geäußert habe, seine Arbeit nach unten bei der Einigung Deutschlands kenne Jedermann, aber welche Arbeit da und dort nach oben nöthig geworden sei bis die Pickelhaube ein Loch bekommen habe und der deutsche Gedanken zum Durchbruch gekommen sei, das wüßten nur Wenige.

Bei Tisch stieß Wagner mit mir auf das Wohl Bismarcks an.

Eines Abends speisten wir bei Zeroni. Wagner erwiderte auf dessen Toast in so herzlichem Ton und sprach in so ergreifender Weise, daß uns die Augen feucht wurden. Später sang er verschiedene Theile aus den „Meistersingern." Zuerst allein, dann gemeinsam mit Langer (dessen Vortragsweise seinen vollen Beifall fand) „das Zwiegespräch zwischen Hans Sachs und Evchen." Als Hänlein und Zeroni den „Kaisermarsch" spielten, stimmte er kräftig in den Schlußgesang ein.

Am nächsten Morgen schenkte er mir, nachdem wir verschiedene, das Bayreuther Unternehmen betreffende Fragen besprochen hatten, seine neue Broschüre „Ueber Schauspieler und Sänger" und schrieb auf den Umschlag eine Widmung, welche mir als Zeichen herzlicher Anerkennung gilt. Dieselbe lautet:

> Hat jeder Topf seinen Deckel,
> Jeder Wagner seinen Heckel,
> Dann lebt sich's ohne Sorgen,
> Die Welt ist dann geborgen!

Richard Wagner,
gestrichener Gast in Mannheim
19. Nov. 1872.

Die in der Unterschrift enthaltene Anspielung auf die Striche im „Fliegenden Holländer" wiederholte sich auch bei den humoristischen Versen, die er auf die Rückseite einer Photographie seiner Frau schrieb.

> Frau Cosima in guter Laune
> Darüber Niemand erstaune:
> Sie hat einen guten Mann,
> Der schön componiren kann.
> Deßwegen zum Angedenken
> Thut sie sich an Heckels schenken!

Mannheimer Gedicht
des Verfassers des Fliegenden Holländers
ohne Striche.

Auf ein anderes nur für den Familienkreis bestimmtes photographisches Bild, das den Meister und seine Frau einander in die Augen blickend zeigt, schrieb er die Worte:

— Die ganze Heckelei soll leben! Richard und Cosima sind alle Beide da!

Wagner erbot sich in Mannheim den „Lohengrin" und die „Zauberflöte" zu dirigiren, wenn ich es so zu Wege brächte, daß es nach seinen Absichten geschehen könne. Auch zu einer öffentlichen Disputation über sein künstlerisches Schaffen erklärte er sich bereit, wenn sich ein geeigneter Widersacher fände.

Beide Pläne kamen nicht zur Ausführung.

In der Regel standen wir morgens vor unsern lieben Gästen auf. Einmal aber trat Wagner in aller Frühe an das Pianino und spielte den Pilgerchor aus dem „Tannhäuser." Es machte ihm große Freude uns damit aus dem Morgenschlummer geweckt zu haben. Ja, ja der ernste Mann konnte übermüthig und ausgelassen sein!

Es ist schwer, die vielen charakteristischen Züge natürlicher Heiterkeit Wagners im täglichen Verkehr schriftlich wiederzugeben, und doch möchte ich gerade auf sie besonders hinweisen, da ich noch in keiner der zahlreichen Biographien Wagners seinen liebenswürdigen Humor und seine künstlerische Eigenart im persönlichen Verkehr genügend gewürdigt fand.

Am 20. November verließen uns Wagner und seine Frau um ihre Reise fortzusetzen, doch begrüßte ich sie nach einigen Tagen nochmals am Mannheimer Bahnhof, da Wagner mich telegraphisch von seiner Durchreise benachrichtigt hatte, um mir von einer Unterredung mit dem Großherzog von Baden zu erzählen.

Wagners nächste Mittheilungen nach seiner Abreise von Mannheim trafen aus Wiesbaden und Köln ein:

Wiesbaden, den 28. November 1872.

Lieber Freund und Genosse!

Ich ruhe einen Augenblick aus, um zu sehen, wohin ich etwa zu schreiben habe, und da finde ich denn, daß es gut sei, wenn ich Sie noch einmal recht angelegentlich daran erinnere, in möglichst erfreulicher Weise sich mit Fenstel in Bayreuth in Mittheilung zu setzen. Wir besprachen das schon. Melden Sie ihm genau, was Sie jetzt zu seiner Verfügung haben und was zu Ostern ihm des Weiteren zur Disposition steht. Wenn Zahlungen an Sie erfolgen, wie die kürzliche durch Fräulein Nietzsche, so übermachen Sie diese doch sogleich an Feustel. Ich weiß aus seiner neuesten Mittheilung, daß er dem Fortschritte unserer Unternehmung mit Bangen entgegen sieht, wenn er nicht tröstliche Zusicherungen und überhaupt Zuschüsse empfängt.

Heute Abend werde ich mit dem Mainzer W. V. zusammenkommen. In Cöln bereitet sich eine gleiche Zusammenkunft vor. (In Mainz heute Abend: Zauberflöte.) Wahrscheinlich gehe ich erst Sonnabend nach Cöln. Dorthin (Lesimple) erbitte ich mir etwaige Mittheilungen. Herzliche Grüße an Sie, die Frau, die Freunde von meiner Frau und ihrem Manne.

Richard Wagner.

*   *

Cöln, 1. Dezember. 72.

Lieber Freund Heckel,
Meines Werktopf's Deckel!

Hier schick' ich die Schriften zurück,
Und wünsch' uns Allen viel Glück!

In Mainz,
war es kein Klein's,
im Schooße des Wagnervereins's —
Musikcorps hinten und vorn
bliesen in das Bayreuther Horn!
In Cöln geht's ebenfalls los,
man erwartet sich Dinge gar groß:
Dem Wagnervereinlichen Chor
les' ich wohl gar etwas vor:
Bis Donnerstag bleib ich hier,
Dann geht's in's östliche Revier.
Für alle eure Sünden
Sollt Ihr nun Ablaß finden,
wenn Ihr brav sammeln thut,
Dann gehts der Seele gut!

R. W.
als Mönch Detzel.

In den nächsten Monaten gingen geschäftliche Mittheilungen meist direct an den unermüdlichen Feustel, während verschiedene persönliche und häusliche Angelegenheiten im Briefwechsel mit Frau Wagner zu Wort kamen.

Als ich den Meister benachrichtigte, daß Lachners Nach-

folger in Mannheim, Ernst Frank, auf meine Veran=
laffung den „Lohengrin" unverstümmelt aufgeführt habe,
schrieb er am 17. März 1873 von Bayreuth:

Aufgepaßt!, Jetzt kommt ein schönes Gedicht!
Also —: —

> Hoch lebe Kapellmeister Frank!
> Die von des Streicher's Sitze stank,
> er rein'ge die Orchesterbank,
> und sitze drauf zu unsrem Dank!
> Selbst Wagner's Partituren=Schrank
> steh' ihm dann offen, frei und frank:
> wär's auch für Vinzenz übler Trank,
> und würd' er selber drüber krank, —
> in's Grab einst selbst Patroclus sank:
> ich ruf': es lebe P. P. Frank!
>
> R. W.
> (Poëta!)

Frank hat dann auch zahlreiche Striche in den Meister=
singern entfernt und sich ein besonderes Verdienst dadurch
erworben, daß er die Oper „Der Widerspenstigen Zähmung"
von Götz, auf die Bülow mich aufmerksam gemacht hatte,
zur erften Aufführung brachte. Später allerdings fand
Ernst Frank es für opportun, seinen Eifer für Wagner und
die neue Kunst erkalten zu laffen.

Dem „Hebefest" in Bayreuth (2. August 1893) wohnte
ich nicht bei. Wagner hatte von persönlichen Einladungen
abgesehen, weil außer dem eigentlichen Hebefest keine Ver=
anstaltungen stattfanden. Eine öffentliche Einladung an die

Patrone war durch eine Anzeige in Zeitungen ergangen, aber von mir, wie von den meisten, übersehen worden.

Mit der Mittheilung, daß er mich zum Hebeschmauß erwartet und dabei vermißt habe, ließ der Meister zugleich bei mir anfragen, ob ich ihn nicht im Laufe des Sommers besuchen und das zu Stande Gekommene in Augenschein nehmen würde.

Leider sah sich Wagner genöthigt, die für 1874 angesetzten Festspiele zu verschieben. Die ursprüngliche Hoffnung, daß sich 1000 Kunstfreunde finden ließen, die durch Zahlung von je 300 Thalern sich zu Patronen des Unternehmens erklären würden, ging nicht in Erfüllung. Die „wirklich Reichen" in Deutschland brachten mit wenigen Ausnahmen dem Unternehmen weder opferfreudiges künstlerisches, noch nationales Interesse entgegen. Die Wagnervereine aber vermochten, da sie sich in erster Linie an die weniger Bemittelten wenden mußten, nur in einzelnen Städten einigermaßen beträchtliche Summen zu erzielen, (der Mannheimer Wagnerverein übersandte für das Unternehmen 51 000 Mark) ohne damit vollen Ersatz für die Theilnahmslosigkeit derjenigen zu bieten, die vermögend gewesen wären, die Aufführung der Festspiele schon 1874 zur That werden zu lassen.

Wagner unterrichtete die Vereine und Patrone in einem Rundschreiben von dem Stand der Angelegenheit.

Diese vertraulichen Mittheilungen gelangten wider Erwarten sofort in die Presse. Wagners Andeutung, daß sich eine Umwandelung der ursprünglichen Tendenz als nothwendig ergeben könne, wurden als Absicht einer Umgestaltung in ein „Actien-Unterehmen" mißverstanden.

Auf meine Mittheilung, daß die Mannheimer „Gerechten" für ein unbedingtes Festhalten der ursprünglichen Tendenz einträten, erwiderte Wagner:

Lieber Freund Heckel!

Wer einmal gerecht ist, der bleibt doch auch immer gerecht! Haben Sie Dank für Ihre liebenswürdigen Mittheilungen. Louis XIV. sagte zu Jean Bart: „ich wünschte mir 500 Menschen wie Sie!" worauf dieser erwiderte: „Sire, das glaub' ich wohl!" So hätten Sie mir etwa zu entgegnen, wenn ich nur ein Dutzend Heckels mit seinen Gerechten mir in Deutschland wünschte. —

Im Uebrigen seid Ihr doch alle sonderbar steife Leutchen! Da glaubt Ihr nun mich eindringlich davon abmahnen zu müssen, meine Sache auf dem Wege der Actien-Unternehmung durchführen zu wollen? Das scheint also der ganze Sinn meines Circular's gewesen zu sein? Nun, weiß Gott! Ich habe die Sache nicht so verstanden; was ich in diesem Sinne andeutete, war doch wahrlich nur zur Beschämung des germanischen Publikum's gesagt. — Die widerwärtigste Erfahrung für mich war einmal wieder, daß, ehe ich noch von irgend Einem, dem das Circular zugeschickt war, die mindeste Notiz erhielt, Alles sogleich in die schöne Presse gerathen war. Was sind meine Patrone für Leutchen! Nur zu allererst gleich zum Zeitungsschreiber laufen: Alles ist nur dafür da!

Nun haben Sie in Ihrer Art — wieder gegen diesen Unfug zu arbeiten, und Sie thun daran sehr gut. Ich aber werde für die Zukunft immer zurückhaltender werden. Schreiben und Klatschen kann das Volk, — auch allenfalls hundert u. tausend Rathschläge geben. Etwas thun — thun aber nur die Gerechten! —

Hauptsache aber ist, daß wir uns baldigst über einen verbesserten Angriff der Sache einigen: es müssen Subscriptionen aufgelegt u. colportirt werden; wenige können (sagen wir: für einen nationalen Zweck) 100 Thlr., mancher aber 50, noch mehrere 20, viele 10 Thlr. geben, nämlich solche, die so etwas Großes zu unterstützen beredet werden können, ohne im Uebrigen das Interesse speciell dafür zu haben, welches sie bestimmen könnte, dereinst die Reise nach Bayreuth zu den Aufführungen selbst zu machen.

Sie sollten einen Entwurf zu einer Agitation in diesem Sinne, gehörig organisirt, ausarbeiten, diesen von sich aus mir gleichsam zur Beistimmung zuschicken, und dann, mit dieser Genehmigung meinerseits versehen, die Sache in das öffentliche Feuer bringen, und zwar mit furchtbarer Publizität, so daß Keines sagen kann: „ja, ich weiß ja davon noch gar nichts" — wie es jetzt so häufig mir entgegnet wird.

Nun! Bald hoffe ich Sie hier zu sehen. Conzerte gebe ich nicht mehr. Sie schaden nur: anstatt nun zu Weiterem anzuregen, glaubt Alles eben mit dieser Conzerteinnahme genug gethan zu haben, und die Sache ist nun aus. So in Köln, wo der Wagner-Verein auch noch nicht das Mindeste in Folge des Conzerts zu Stand gebracht hat. Ueberhaupt —!

Jetzt grüßen Sie die Gerechten, namentlich unsern Wunderdoctor,*) herzlichst von mir, wie Sie mit Ihrer lieben Frau von mir und der meinigen gegrüßt seien!

Ihr

Bayreuth,   Richard Wagner.
19. Septbr. 1873.

*) Dr. Zeroni.

Nach Empfang dieses Briefes machte ich Wagner den Vorschlag, solche Subscriptionslisten in sämmtlichen Buch- und Musikalienhandlungen auflegen zu lassen und erbot mich, dieselben nebst einer öffentlichen Aufforderung des „Mannheimer Wagnervereins" zur Versendung zu bringen.

In diesem Aufruf wollte ich besonders auf die beschämende Thatsache hinweisen, daß C h i c a g o und L o n d o n sich Wagner zur Errichtung eines Theaters nach seinen Angaben erboten hatten, während man in Deutschland es noch immer an Theilnahme fehlen ließ. Die Erwiderung Wagners verdient besondere Beachtung, da sie seine Absichten und Ziele in voller Klarheit zeigt und dadurch eine Antwort enthält auf die Frage: warum Bayreuth?

Liebster Freund!

Die Beantwortung Ihres Briefes — oder vielmehr: Vorschlages — erforderte wirklich einige Besinnung. Ich habe kein Wort dazu zu sagen, in welcher Weise der Mannheimer Verein für gut findet, dem Zwecke, für den er sich begründet hat, energisch zu dienen: jedenfalls, wie er überhaupt die Idee von W.-Vereinen in das Leben gerufen hat, ist er auch im Rechte, wenn er ferner die Initiative ergreift, und die Ehre, der Vorkämpfer in dieser Sache zu sein, wird ihm niemand bestreiten dürfen. Nur seien Sie behutsam im Prahlen von mir: wir können Chicago und London nicht so unbedingt für uns anziehen; in beiden Städten war ein neues Theater bereits erbaut, und sollte — allerdings, — wenn ich dies persönlich in meine Hand nehmen wollte, nach meinen Wünschen eingerichtet, auch das Personal der Darsteller nach meiner Wahl berufen werden.

5

Dies galt meinen Opern im Allgemeinen. Nun kommen wir aber auf den entscheidenden Punkt: in Berlin hatte sich eine „Wagneriana" mit 220 000 Thlr. bereits ge= leisteter Zeichnungen gebildet, um mir eine Million in Aus= sicht zu stellen, wenn ich Bayreuth — (mit Modificationen) nach Berlin verlegte; das Gleiche wäre in und für Wien unendlich leichter gewesen, als dort Beiträge für Bayreuth zu erhalten. Es ist somit nicht nachweisbar, daß man mir in einer großen deutschen Hauptstadt mein Theater nicht auch gebaut haben würde, der Brennpunkt liegt somit darin, daß ich an einem neutralen Orte eine Unternehmung für das ganze deutsche Publikum, nicht für das Publikum einer Hauptstadt in das Auge gefaßt habe. Städte (wie Chicago u. s. w.) würden sich vielleicht auch in Deutschland finden, aber — das deutsche Publikum findet sich nicht.

Was nun aber die Aufstellung und Aufforderung zu einer Subscription betrifft, so wäre es doch vielleicht em= pfehlender, wenn diese von einem Consortium von einfluß= reichen Männern aus den verschiedenen deutschen Orten ausginge. Hierin bin ich auch schon etwas gebunden, indem ein reicher und thätiger Hamburger Kaufmann (Zacharias. Fontenay 1 (oder 2) — Hamburg) beabsichtigt, für den 15. October eine solche Vorversammlung zusammenzuberufen. Wollten Sie sich mit ihm nicht in das Einvernehmen setzen? Er wollte sich jedenfalls auch an Sie wenden.

Wenn Sie zu einem Manifeste schreiten (was eine sehr gute Wirkung haben kann) so möchte ich doch bitten, für dessen Abfassung Nietzsche in Basel zu Rath zu ziehen; jedenfalls könnten Sie ihn zu allernächst auffordern, Ihnen ein solches Manifest zu entwerfen. Ich habe hierfür ganz besonderes Zutrauen zu ihm — gerade zu ihm. —

Nun, wir werden ja sehen! —

Ein „Max Pauer" aus Steyermark (Schloß Guten=
tag) schrieb mir dieser Tage, er schicke Ihnen noch 200 Thlr.
um seinen — bei Ihnen genommenen — $^1/_8$ Patronatschein
zu ergänzen. Hat er's gethan? —

Müde bin ich, weiß Gott, aber herzlich grüße ich Sie
mit allen Ihrigen!

Ihr ergebener

Bayreuth,   Richard Wagner.
23. Sept. 1873.

Nach Empfang meiner detaillirten Angaben über die
beabsichtigte Propaganda ließ mich Wagner ersuchen, zuerst
die Conferenz, die Herr Bankier Zacharias aus Hamburg
einberufen wolle, abzuwarten. Es war anzunehmen, daß
sich bei dieser Versammlung ein Patronats-Con-
sortium bilden würde. Entschloß sich dieses zu eigener
Zeichnung bedeutender Unterstützungen, so fiel ihm mit gutem
Fuge auch das Recht zu, sich in einem Aufruf an das
deutsche Publikum zu wenden, um zur Befolgung seines
Beispiels aufzufordern. Auch sollten dem Consortium, für
das Wagner mich als Mitglied vorgeschlagen hatte, noch
eine Reihe anderer Befugnisse zuertheilt werden.

Am 12. Oktober erhielt ich jedoch folgendes Telegramm:

Emil Heckel, Mannheim.

Conferenz unterbleibt. Troz schwächlichen Antheils:
Zusammenkunft der Gerechten 31. October, worüber Circular
ergehen wird.

Gruß

Richard Wagner.

Herr Zacharias, der die Conferenz zuerst angeregt hatte, hielt sich plötzlich nicht für berufen, sie anzuberaumen und zu organisiren. Das ganze vielversprechende Anerbieten zerplatzte als eine Seifenblase.

Wagner schrieb mir auf ein Rundschreiben an die Patrone:

Mein lieber Freund!

Die „Conferenz" war wieder einmal ein — Hierüber mündlich! —

Lassen wir es jetzt bei der Delegirten-Versammlung bewenden. Werden wir auch wenig sein, so repräsentiren wir immer doch etwas — nämlich: die Wagner-Vereine. Im Namen derselben kann sehr schicklich auch ein Manifest erlassen werden. Meine Frau hat Ihnen hierüber geschrieben.

Jetzt kommen Sie nur, und bringen Sie womöglich Beroni mit. Meine Meinung ist, daß es am Ende doch gehen wird.

Mit den herzlichsten Grüßen

Ihr ergebener

Bayreuth,   Rich. Wagner.
17. Octbr. 73.

Ich schrieb auf Veranlassung von Wagner nunmehr an Nietzsche, wegen eines Aufrufes und erhielt seine freundliche Zusage.

Geehrtester Herr Heckel,

das, was Sie von mir verlangen, wird besorgt.

Ihr Entwurf für die Buchhändler scheint mir vortreff=

lich), wie überhaupt der ganze Plan wieder für seinen Ur=
heber spricht. Lassen sie mir den Entwurf zu näherer
Prüfung noch ein paar Tage*); vielleicht kann ich dann
den meinigen mitschicken. Ich komme, falls meine Gesund=
heit irgendwie es zuläßt, am 30. d. M. nach Bayreuth.
Von meinem Entwurfe will ich hier eine Anzahl gedruckte
Abzüge machen lassen: er ist dann besser zu übersehen und
nöthigenfalls zu revidiren.

Treulich Ihr

Basel,   Nietzsche.
19. October 1873.

    *) Nein: ich schicke ihn gleich und habe ihn bereits
durchgesehen.

Nietzsche schrieb einen kräftigen, zielbewußten „Mahnruf
an die Deutschen"*), dessen Versendung die Delegirten=Ver=
sammlung zu unserem großen Erstaunen und Bedauern
jedoch nicht für opportun hielt und daher Herrn Prof.
Stern aus Dresden mit der Abfassung eines anderen Auf=
rufes betraute.

Im Uebrigen wurden die Anträge, eine Lotterie 2c. zu
veranstalten, abgewiesen und meine bereits erwähnten Vor=
schläge angenommen.

Wagner wohnte in der Stadt (Dammallee). Ich brachte
wieder viele schöne Stunden, gemeinsam mit Fräulein von
Meysenbug (Verfasserin der „Memoiren einer Idealistin")
und „Tasso=Nietzsche" bei Wagner im trauten Kreise zu.

---

    *) Abgedruckt: Förster=Nietzsche: „Das Leben Friedrich Nietzsche's"
Bd. II.

Den Rückweg nahm ich gemeinsam mit Nietzsche über Heidelberg.

In den nächsten Tagen erhielt ich folgendes Telegramm:

Bitte um möglichst schleunige Zusendung des Stern'schen Aufrufes. Gute Heimkehr! Fröhliches Wiedersehen allen Gerechten.

Richard Wagner.

Ich führte die Beschlüsse der Versammlung aus und versuchte noch auf verschiedenen anderen Wegen dem Unternehmen zu nützen. Wie sehr Wagner für jede fördernde Bestrebung dankbar war, bewies mir wieder sein nächster Brief.

O, Sie allervortrefflichster Mann!

Nehmen Sie meinen gerührtesten Dank für das, was Sie thun, und was ich Ihnen nicht weiter aufzuführen habe! Sie können sich sagen, daß, führen die von Ihnen eingeschlagenen Wege und Bemühungen nicht zum Ziel, nichts anderes — Ehrenvolles — dazu verhelfen würde.

Gott weiß, vielleicht erfahren Sie auch an den Zeitungsredactionen manches Gute: ich habe bemerkt, daß der Unverstand oft mehr verwirrt als die reine Bosheit! —

Jetzt reise ich morgen nach München, um zu sehen, ob noch Hoffnung auf ein Einschreiten des Königs ist. Im schlimmeren Falle ist das Einhalten des Jahres 1875 noch möglich, sobald dieser Winter gute Früchte trägt. Kann ich im Frühjahr mit Brandt und Hoffmann definitiv abschließen, so haben diese dann — früheren Erklärungen nach — immer noch Zeit fertig zu werden. Mit Beiden werde ich Ende d. M. hier conferiren.

Somit — hoffen wir denn! Auf dem von Ihnen mit energischer Umsicht beschrittenen Wege, lernen wir am Ende doch noch verborgene Kräfte des deutschen Wesens kennen: hierauf kommt es an, fast mehr als auf das Gelingen der Unternehmung selbst.

Tausend herzliche Grüße an Sie und die Ihrigen von mir und meinem lieben Weibe!

Ihr

Bayreuth, 19. Nov. 1873   Richard Wagner.

Nietzsche theilte mir brieflich seine Absicht mit, einen „Schweizerischen Wagner-Verein" zu begründen, und Fräulein von Meysenbug berichtete mir in nachstehendem Brief über die technischen Vorbereitungen zu den Festspielen.

Bayreuth, 1. Dezember 1873.

Sie werden sich wundern, lieber Herr Heckel, schon wieder einen Brief von mir zu erhalten, diesmal ist es im Auftrag höherer Mächte. Wir haben nämlich die Herren Brandt und Hofmann hier gehabt und Letzterer hat seine Skizzen zu den Dekorationen für den Ring des Nibelungen vorgelegt. Sie haben den Meister in höchstem Grade befriedigt und freudig überrascht, denn sie sind Werke eines wahren Künstlers, der mit tiefem Verständniß die Dichtung erfaßt hat und ihr den würdigen Hintergrund geben wird, auf den Wagner rechnete. Wo noch kleine Meinungsverschiedenheiten Statt fanden und der Autor, um seiner poetischen Intention willen, vom bildenden Künstler ein Opfer der einen oder anderen malerischen Absicht fordern mußte, da wurde dieses auf das Liebenswürdigste gebracht, und man hatte hier ein Vorspiel dessen, was einst beim Kunstwerk der Zukunft sich verwirklichen soll: das Zusammenwirken aller Künste zu dem einen vollendeten Ganzen ohne anspruchsvolles Hervortreten der Einen oder der Andern. Das schönste Verständniß wurde erzielt, und man kam überein die Arbeiten im Januar zu beginnen, zunächst in Darmstadt, unter Brandts Mitwirkung die Modelle zu fertigen und im März oder April hier in Bayreuth die Malerei der Dekorationen in Arbeit zu nehmen, zu welchem Zweck Herr Hofmann hierher übersiedeln wird.

Ich gebe Ihnen diese kurze Notiz, weil Wagner wünscht, daß Sie dieselbe (d. h. mit besserem Wortlaute) in einige Zeitungen bringen, um dem Publikum zu zeigen, daß die Sache vorwärts schreitet, und daß die absurden lähmenden Nachrichten, die in den Blättern überall verbreitet werden, falsch sind.

Vielen Dank für Uebersendungen der Aufrufe und Ihren Brief.

Mit bestem Gruß in dem Zeichen in dem wir siegen.

Ihre

M. v. Meysenbug.

Auf eine Mittheilung, daß ich 81 deutsche Theater durch ein Rundschreiben aufgefordert habe, ihr Interesse für die deutsche Kunst durch Aufführungen zum Besten von Bayreuth zu beweisen, sowie auf die Bitte, mir in einem Concert die Aufführung von Bruchtheilen aus der „Walküre" und aus „Tristan und Isolde" (mit dem Vogl'schen Ehepaar) zu gestatten, erhielt ich im Auftrage Wagners die Antwort:

„Ein für alle Mal werther Gerechtester, Sie können thun und lassen was Sie für gut halten, nur verlangen Sie keine Approbation, oder Zustimmung zur Aufgebung eines Princips (wie z. B. die Epistel an die Theater-Intendanten, und Walküren-Bruchstücke); dankbar aber werden wir Ihnen sein für Alles, was Sie unternehmen, denn wir wissen gut, daß es Ihnen selbst schwer genug fällt, von den Principien abzugehen, und Sie es nur thun, in der Ansicht, die Sache dadurch zu fördern; auch sind Ihre Erfolge groß und unerwartet genug, um daß Sie Ihrem Gefühl unbedingt folgen dürfen. Nur wie gesagt, fordern Sie des Meisters Zustimmung nicht, weil er mit seinen Grundsätzen steht und fällt (die Concerte, obwohl sie viel eingebracht, waren vielleicht doch von übel); seinen Dank haben Sie für Alles."

Während der nächsten Zeit machte sich die plötzlich eingetretene Geldkrisis in Oesterreich und Deutschland für das Unternehmen ungünstig fühlbar; die Mittel flossen immer spärlicher. Weder die Briefe an die Theaterintendanten, noch die in allen Buch- und Musikalienhandlungen aufgelegten Subscriptionslisten entsprachen den gehegten Erwartungen. Wohl fehlte es von den verschiedensten Seiten nicht an Rathschlägen und begeisterten Episteln, aber nur in den wenigsten Städten entwickelte sich auch die entsprechende Thatkraft.

Wagner hoffte, daß der König von Bayern eine finanzielle Garantie übernähme, aber Feustel hatte mir geschrieben, daß leider eine Verstimmung des Königs gegen Wagner bestehe, deren Ursache er brieflich nicht mittheilen könne.

Ich ahnte daher nichts Gutes, als von Wagner nachstehendes Telegramm eintraf, dem ich sofort Folge leistete:

Erbitte dringend ihren Besuch zu wichtiger Besprechung. Genauestes Einverständniß zwischen uns unerläßlich.

Pflichtschuldig

Richard Wagner.

Ich reiste sofort nach Bayreuth. Während ich sonst nur einer schaffensfreudigen Heiterkeit begegnete, fand ich jetzt tiefste Niedergeschlagenheit.

Wagner beabsichtigte in einem „Offenen Brief", den er an mich richten wollte, zu erklären, daß das Unternehmen gescheitert sei und daß bessere Zeiten abgewartet werden müßten, um den Bau fortzusetzen.

Er sagte: „Ich will die noch offenen Seiten des Festspielhauses mit Brettern zuschlagen lassen, damit sich doch wenigstens die Eulen nicht darin einnisten, bis wieder weitergebaut werden kann."

Ich erwiderte ihm sofort: „Das darf nicht sein!"

Seine Bayreuther Freunde hatten alle Hoffnung verloren. Ich nicht. Und ich bin heute stolz darauf, daß es mir möglich war, von neuem Wagners Vertrauen und Zuversicht zu wecken, obwohl ich nur Pläne und Vorschläge, die neue Aussichten eröffneten, bieten konnte.

Von größter Wichtigkeit war es, daß mir Feustel bei meiner Ankunft mündlich die Ursache der Verstimmung des Königs mitgetheilt hatte.

Wagner hatte eine Aufforderung eines deutschen Schriftstellers, dessen Hymne „Macte Imperator" zu componiren, energisch abgelehnt. Ob man Wagner überhaupt nicht mitgetheilt hatte, daß diese Aufforderung einem Wunsche des Königs entsprang, ob man Wagners Ablehnung am Hofe entstellt wiedergegeben hatte, oder welche sonstigen Umstände einer kleinen Ursache zu großer Wirkung verhalfen, erfuhr ich nicht. Da Feustel sein Ehrenwort hatte geben müssen, dem Meister nichts in dieser Sache mitzutheilen, so konnte ich Wagner nur ein Ende des Fadens in die Hand geben, dessen Entwirrung zu neuen Hoffnungen führte.

Von Mannheim aus schrieb ich zunächst an einen Freund und Gönner Wagners wegen Gründung eines „Garantiefonds", ohne jedoch eine zweckdienliche Zusage zu erhalten.

Ferner waren wir in Bayreuth übereingekommen, daß ich auf Grund einer brieflichen Darlegung Wagners versuchen solle, die Vermittelung des Großherzogs von Baden zu Kaiser Wilhelm zu gewinnen, damit die Festspiele als „Lustralfeier des Friedens" vom Reiche nationale Förderung erführen.

Wagner schrieb demgemäß nachstehenden ausführlichen Brief, den ich mit einem Begleitschreiben nach Karlsruhe an das Geheime Cabinet des Großherzogs einsandte, indem ich zugleich um eine Audienz bat.

Geehrter, lieber Freund!

Es geziemt mir, an Sie, den Thätigsten und meist erwirkenden Begründer und Pfleger eines Vereines zur Förderung der von mir beabsichtigten Bühnenfestspiele, mich zu wenden, wenn es sich hierfür um einen entscheidenden Schritt handelt, welcher geeigneter von einem verständnißvollen und bewährten Freunde meiner Unternehmung, als von mir, der diese Unternehmung als die Seinige zu betrachten hat, selbst ausgeführt werden darf. Eine mächtige Hilfe ist uns nöthig geworden, wenn das begonnene Werk einer baldigen Vollendung entgegen geführt werden soll; an dieser baldigen Ausführung ist aber alles gelegen, weil sie von der Rüstigkeit meiner persönlichen Lebenskraft abhängt. Wir sind im Laufe zweier Jahre dahin gelangt, von näheren Freunden meiner Kunst mit Einhunderttausend Thalern versehen zu werden: mit diesem Gelde haben wir den dauernden Grund der ganzen Unternehmung durch Errichtung eines Bühnenfestspielhauses gelegt, dessen bauliche Solidität es für eine undenkliche Zeit als nutzbar sichert. Allein, gerade jetzt, wo allerspätestens die bestimmten Aufträge für die Herstellung der Bühnenmaschinerie und der Dekorationen zu ertheilen waren, sind die Kräfte der bisherigen Förderer der Unternehmung erschöpft, der Fortgang derselben ist nothwendig aufgehalten, und sie selbst somit einem bedenklichen Loose verfallen, wenn keine entscheidende Macht hilfreich hierfür eintritt. —

Meine hiesigen Verwalter sind der Meinung, es sei das Unternehmen um jeden Preis nun bis zu dem Punkte seiner wirklich bevorstehenden Ausführung zu fördern, um dann mit Sicherheit aus dem Ertrage der uns von weit her zuströmenden Antheilnahme für das ganz außerordentliche Kunstereigniß die Deckung der aufgewendeten Kosten zu erwarten. In diesem Sinne bedurften wir nur einer genügenden Garantie hierfür, um durch nöthig werdende Anleihen uns der Mittel zur ununterbrochenen Fortführung des Begonnenen zu versichern. Um die Leistung einer solchen Garantie ging ich zuletzt meinen erhabenen Wohltäter, den König von Bayern an; aus mir unklar bleibenden Gründen hat Seine Majestät mich jedoch abschläglich beschieden.

Sie wissen nun, daß wir eine solche Garantie neuer-

dings unter besonders vermögenden geneigten Freunden auf=
suchen. Sollte uns auch von dieser Seite her noch eine,
jedoch wohl nur vorübergehend dienliche Hilfe erwachsen, so
bin ich dagegen nun entschlossen, das Heil der so bedeutenden
Angelegenheit an der Stelle aufzusuchen, von welcher ihr
die einzig entsprechende Würde zuertheilt werden kann.

Wenn ich hiermit an das „Reich" denke, so ist Ihnen
nicht unbekannt geblieben, daß ich bisher stets vor dem
Gedanken, meine Unternehmung und den ihr zu Grunde
liegenden Kulturwillensakt von den Abgeordneten zu unserm
Reichstage discutirt zu sehen, zurückschreckte, weil ich unter
allen diesen nicht einen Einzigen herauszufinden wußte,
welcher, der schmählichen Verunglimpfung meines Vorhabens
durch die gänzlich unwissende, herrschende große und kleine
Presse gegenüber, die richtige Bedeutung desselben über=
zeugend darlegen und vertreten könnte. — Hingegen bin
ich nun auf den Gedanken gekommen, unsrem siegreichen
Kaiser selbst die ersten Aufführungen meines Werkes zu
einer Lustral=Feier des im Jahre 1871 abgeschlossenen
ruhmreichen Friedens mit Frankreich anzubieten. — Es
käme hierbei darauf an, das von mir unter so neuen, dem
deutschen Wesen eigenthümlich entsprechenden Umständen auf=
geführte Nibelungenwerk in einen Vergleich mit den thea=
tralischen Festaufführungen zu stellen, durch welche bisher,
einem nicht sehr rühmlichen Herkommen gemäß, solche er=
habene Erinnerungstage gefeiert werden: ich sollte vermeinen,
daß mit der Annahme meines Anerbietens dann zugleich
auch die Anerkennung eines wichtigen deutschen Kultur=
gedankens ausgesprochen sein dürfte. — Hierüber sich kräftig
und überredend zu äußern, kann aber nicht mir zukommen;
ich muß durchaus unter den Freunden meiner Kunst, unter

den Gönnern meiner Unternehmung, die Fürsprecher suchen, welche, gestützt auf die von mir verfaßten ausführlichen Anleitungen zu einem Urtheile hierüber, an der entscheidenden Stelle die Bedeutung meines Vorhabens in das erforderliche Licht zu setzen vermögen.

In diesem, sowie in jedem Sinne, gereicht es mir zur schönen Ermuthigung, Sie, lieber geehrter Freund, für die Wahl eines ersten Fürsprechers an Ihren eigenen Landesfürsten, den von mir so hoch verehrten Herrn Großherzog von Baden, verweisen zu können. Dieser musterhafte deutsche Fürst war es, der, als ich im Jahre 1861 nach langer Verbannung Deutschland zuerst wieder betrat, mit wahrhaft erleuchtetem Wohlwollen mir und meinen künstlerischen Unternehmungen entgegen kam. Ich habe seitdem keinen Grund erhalten, dieselben hochherzigen Gesinnungen, welche mich damals begrüßten, für erkaltet zu halten, und glaube daher, daß Sie auf eine tief vorbereitete, ernstlich geneigte Stimmung bei Seiner Königlichen Hoheit treffen, wenn Sie den Herrn Großherzog im Namen aller Derer, welche meinem Unternehmen bereits ihre Kräfte liehen, und unter denen ich mit besonderer Genugthuung meinen durchlauchtigsten Gönner ja selbst zu zählen habe, um die Vermittlung einer entscheidenden Hilfe auf dem zuvor von mir bezeichneten Wege angehen.

Es kann mir nicht zustehen, für die Beschreitung dieses Weges, wenn sie von dem Herrn Großherzog beschlossen werden sollte, nähere Maaßnahmen anzugeben, da es sich denn wohl von selbst verstehen würde, daß die Mitwirkung seiner Kaiserlichen und Königlichen Hoheit des Kronprinzen des Deutschen Reiches als die allerwirksamste sofort von meinem Durchlauchtigsten Gönner in das Auge gefaßt werden

dürfte. Nur würde ich mir erlauben, auf die Herren Groß=
herzöge von Sachsen=Weimar und Mecklenburg, sowie den
Herrn Herzog von Dessau, welche sich bereits im persönlich
geneigten Sinne an meinem Unternehmen betheiligten, als
vermuthlich zu einer Mitwirkung gestimmt aufzuführen.

Wollte ich nun genau bezeichnen, welches Resultat ich
mir als das, alle meine Bestrebungen und Wünsche krönende
Ergebniß einer so mächtigen Bemühung für mein Unter=
nehmen vorstelle, so wäre dies der hierdurch zu erwirkende
Auftrag des Deutschen Kaisers an mich, gegen die hierfür zu ge=
währende Unterstützung von Einhunderttausend Thalern, also
des Drittheiles der Gesammtkosten derselben, drei vollständige
Aufführungen meines Bühnenfestspieles „Der Ring des Nibe=
lungen" auf dem eigens hierzu erbauten Festtheater zu Bayreuth,
zur ersten Lustral=Feier des mit Frankreich abgeschlossenen
Friedens, im Sommer des Jahres 1876 zu veranstalten.

Da in Folge hiervon es ein Leichtes sein würde, die
Berechtigung zur Verfügung über die jener Summe ent=
sprechende Anzahl von Zuschauerplätzen, nach Maaßgabe der
bisherigen Patronats=Berechtigungen, in deutlichen Ziffern
zu bezeichnen, übergehe ich in dieser Mittheilung an Sie
jede nähere Ausführung dieses geschäftlichen Theiles der An=
gelegenheit, und ersuche Sie nun, im Vereine mit unseren
werthen Freunden in Mannheim, den ersten Schritt zur
Verwirklichung des mir vorschwebenden Gedankens zu thun,
den ich gerne als Ihren eigenen Ihnen hiermit zurückgebe.

Mit hochachtungsvoller Freundschaft
Ihr

Bayreuth,   ergebener

16. Januar 1874.   Richard Wagner.

Der Großherzog von Baden war Wagner und seiner Kunst alle Zeit sehr gewogen. Besonders das Mannheimer Wagner-Conzert hatte bei ihm große Eindrücke hinterlassen, so daß von seinem Wohlwollen die gewünschte Förderung bestimmt zu erwarten war. Aber die Ungunst gewisser parteipolitischer Verhältnisse veranlaßte nachstehende Ablehnung.

Hochgeehrter Herr!

Ihr sehr geschätztes Schreiben, womit Sie dem ergebenst Unterzeichneten den Brief des Herrn Richard Wagner, datiert Bayreuth den 16. Januar, mittheilen und damit das Ansuchen verbinden, dieses Schriftstück zur Kenntniß Seiner Königlichen Hoheit des Großherzogs zu bringen und Höchstdemselben die Bitte vorzutragen, Ihnen behufs der Ergänzung des Inhaltes der an Ew. Hochwohlgeboren gerichteten Zuschrift des Herrn Richard Wagner eine Audienz zu gewähren, ist mir seiner Zeit zugekommen. Ich habe nicht gesäumt Ihrem Wunsche zu entsprechen. Seine Königliche Hoheit haben von dem bezeichneten Briefe Einsicht genommen und beauftragen mich Ew. Hochwohlgeboren hierauf auszusprechen, daß Höchstdieselben aufrichtig bedauern, dem Begehren des Herrn Richard Wagner, die Angelegenheit des Bühnenfestspieles in Bayreuth Sr. Majestät dem deutschen Kaiser zum Zwecke der Erlangung einer die Ausführung des Unternehmens sichernden Unterstützung seitens des Reiches zu empfehlen, nicht entsprechen zu können. Der Großherzog mußte nach eingehender Prüfung aller hier in Betracht kommenden Verhältnisse die Ueberzeugung gewinnen, daß durch Seine Empfehlung das nicht erreicht werden würde, was Herr Richard Wagner zu erlangen hoffe wohl zur Zeit, wie Ew. Hochwohlgeboren zugeben werden, andere hochwichtige und tiefgreifende Fragen Alles in Anspruch nehmen, so daß man für die vorwürfige Angelegenheit nur einer sehr beschränkten Theilnahme gewärtig sein könnte. Eine Empfehlung aber eintreten zu lassen, ohne jede Aussicht auf entsprechenden Erfolg, dies glaubte Seine Königliche Hoheit in richtiger Werthschätzung der Aufgaben, welche sich Herr Richard Wagner gestellt hat, nicht unternehmen zu sollen.

Indem ich durch diese Mittheilung dem mir ertheilten Höchsten Auftrage nachkomme, beehre ich mich Ew. Hochwohlgeboren im Anschlusse den Brief des Herrn Richard Wagner zurückzugeben und verharre unter Versicherung meiner ausgezeichneten Hochachtung

Euer Hochwohlgeboren
ganz ergebener Diener

Karlsruhe,
den 1. Februar 1874.   von Ungern-Sternberg.

Seiner Hochwohlgeboren
dem Herrn Emil Heckel,
Vorstand des Richard Wagnervereins
in Mannheim.

Unsere letzte Hoffnung blieb der König von Bayern. Wie das deutsche Volk ihm es verdankt, daß Wagner sein Werk vollenden konnte, so war auch er es wieder, der die Fortsetzung des Baues und später die Aufführung ermöglichte.

Lieber, guter Freund Heckel!
Jetzt faßt nur Muth!
S'wird Alles noch gut! —

Mit Sr. Maj. ist die Sache in Ordnung: Das Unternehmen, an dem Sie so herrlich ernsten Antheil nehmen, ist gesichert.

Näheres alsbald! —

— — — Ich wußte, daß das Alles vergebens sein würde: für meine Sache gehört ein „weiser Thor!" — aber wer ist denn heut zu Tage thörig? —

Dies in Eile! Bald mehr!

Von ganzem Herzen

Bayreuth,   Ihr
9. Febr. 1874.   Rich. Wagner.

Und Zeroni?? Ah ha!!

Ich antwortete sofort:

Mannheim, 11. Februar 1874.
Lieber guter Meister!

Eine größere Freude, als mir Ihr heute empfangener Brief machte, ist mir nicht denkbar! Ein dreifaches Hoch Sr. M. dem König Ludwig dem Zweiten von Bayern! Nach so vielen Mißerfolgen endlich wieder einmal Freude! Bitte mich doch recht bald das Wie wissen zu lassen und in Allem, wo ich Ihnen helfen kann, über mich zu ver= fügen. — —

Der Meister ließ mir mit dem Zusatze „Sie sind der erste an den wir denken bei Freud' und Leid unserer Sache" mittheilen, daß bei den Bestellungen noch das Jahr 1875 für die Festspiele in Aussicht genommen sei; nur wenn die Arbeiten bis dahin nicht zu beendigen seien, werde der Termin geändert werden.

Die Unterzeichnung des Vertrags durch den König er= folgte Anfang März

Lieber Freund!

Soeben traf die Unterschrift des Königs hier ein. Er gewährt uns einen Kredit von 100,000 Thalern aus seiner eigenen Kabinettskasse, um damit die Kosten der Bühnen=einrichtung, Decorationen und Gasherstellung für jetzt be=streiten zu können: während der Dauer des Kredites sollen alle eingehenden Patronatgelder der K. Kabinettskasse zu=geschrieben werden, bis zur Tilgung der gemachten Vor=schüsse, bis zu welcher die bezeichneten Anschaffungen Eigen=thum des K. Hofsecretariates bleiben.

Dies der Vertrag.

Sie sehen hieraus, daß wir eben nur in den Stand gesetzt sind, vorwärts zu gehen, keineswegs aber einen Zuschuß erhalten, daß wir somit nach wie vor darauf an=gewiesen bleiben, das ganze Unternehmen durch die Theil=nahme des Publikum's in Wahrheit erst zu ermöglichen.

Ich ersuche Sie nun, in Ihren Mittheilungen und Veröffentlichungen mit derjenigen Behutsamkeit und Vorsicht zu verfahren, deren es zu den beiden Zwecken bedarf:

1. Die eingetretene Erleichterung als Gewährleistung für das Zustandekommen der Unternehmung gelten zu lassen.

2. Die Leute nicht glauben zu machen, daß nun nichts mehr dafür zu thun sei.

Wir halten es daher für das Beste, einfach nur zu be=richten, was Thatsache ist, nämlich:

Daß mit dem Maler Hofmann in Wien, sowie mit dem Hoftheatermaschinisten Brandt soeben die bestimmtesten Verträge für die Herstellung der Decorationen und der Bühneneinrichtung in möglichst kurzer Zeit abgeschlossen worden seien.

Ich denke, dies wirkt genügend und schlägt Alles nieder. Ebenso werde ich nun an die von mir ausgewählten Sänger schreiben, auch wegen des Orchesters Aufträge geben, was Alles wohl der Sache bald ein anderes Ansehen geben wird.

Mich soll es um so mehr freuen, wenn Ihnen, lieber Freund, dies Alles wahre Freude macht, als ich leider wenig mehr von dieser Freude genieße, da ich durch alles Vorangehende so sehr ermüdet und zernagt bin, daß der Erfolg mich endlich ziemlich kalt, und nur meiner Pflichten eingedenk findet.

Herzlichste Grüße von Haus zu Haus!

Ihr

Bayreuth,   Richard Wagner.

5. März 1874.

Die definitive Abschließung der Verträge mit Hofmann und Brandt begrüßte ich um so freudiger, da Wagner wenige Wochen vorher, als er mich telegraphisch zu sich berief, entschlossen war, die Bestellungen zurückzunehmen. Er schrieb später in einem Briefe an Hofmann: „Was mich wieder hiervon zurückhielt, war, daß vertraulich mir mitgetheilt wurde, der Grund der momentanen Verstimmung des Königs gegen mich sei, daß ihm etwas berichtet worden, was er mir übel genommen habe. Ueber die (sehr störige) Veranlassung konnte ich nun den König sofort zu meinen Gunsten aufklären..."

Als ich Wagner auf den Tenoristen Georg Unger und dessen etwas ungleiche Leistungen als Lohengrin und Tannhäuser am Mannheimer Hoftheater aufmerksam machte, antwortete er:

Werthester Freund!

Schönsten Dank! — Wir sind jetzt mit der Einrichtung unseres Hauses und dem bevorstehenden Umzuge belästigt. Meine Frau an Erkältung anhaltend leidend, und ich — guter Dinge wartend und die üblen dahinnehmend. Mit Anfang Mai erwarte ich R i c h t e r zur Hilfe für 4 Monate. Der soll sich dann auch nach ihrem Tenoristen umsehen. — — — An Männern wird mir's nicht fehlen, — von Frauenzimmern habe ich nicht viel aufzuweisen. Der Sommer wird das Alles klar machen: für jetzt habe ich den Winter noch etwas in den Gliedern!! —

Herzlichsten Gruß Ihnen und den Freunden von Ihrem

Bayreuth,   ergebensten
17. April 74.   R i c h a r d W a g n e r

Die Gegner Wagners am Hofe in München hatten bekanntlich schon 1864 ihre Kraft erprobt. Sie suchten auch späterhin stets Wagners Pläne zu durchkreuzen, im Großen wie im Kleinen.

Ein charakteristisches Beispiel hierfür bietet die Hart= näckigkeit, mit der die betreffende Instanz das Gesuch Wagners zurückwies, ihm von seinem Garten aus den directen Eingang in den öffentlichen Hofgarten zu ermöglichen. Als der König im Mai 1874 Wagner, wie alljährlich um Mittheilung eines „Geburtstagswunsches" ersuchte, da bat der Meister nunmehr den König selbst: ihm gestatten zu wollen, daß er in den Zaun, der sein Besitzthum vom Hofgarten trennte, ein Loch schlage, nur so groß, daß er durchschlüpfen könne, um von dort aus den Weg nach dem „Festspielhaus" zu nehmen. Die Genehmigung dieses Wunsches erfolgte sofort.

Das ist die Geschichte der kleinen einfachen Zaunthüre, die jetzt alljährlich während der Festspielzeit in den Mittags=stunden geöffnet wird, damit die Festspielgäste vom Hof=garten aus das stille Grab des Meisters besuchen können.

Am 1. September 1874 wohnte ich mit Dr. Zeroni einer „Tristan"=Aufführung unter Hans von Bülows Leitung in München bei. Wir nahmen den Rückweg über Bayreuth und berichteten Wagner über die Aufführung. Es über=raschte ihn, daß auch die Darsteller uns vollständig be=friedigt hatten. Er erzählte uns von dem unvergeßlichen Schnorr und dessen unvergleichlicher Darstellung des Tristan. Wagner sang und spielte uns die große Scene auf dem Sterbelager ganz ergreifend vor, um uns zu zeigen, wie diese Scene dargestellt werden müsse.

Es freute ihn, daß uns das Werk so gewaltig er=schüttert hatte und wir durch unsere Begeisterung zu einem Besuche bei ihm veranlaßt worden waren.

Wir verbrachten zwei herrliche Tage in Bayreuth.

Am 6. Dezember 1874 benachrichtigte mich Frau Wagner, daß die „Götterdämmerung" nunmehr beendigt sei.

Zum Jahresschluß schrieb mir Wagner einen freund=lichen Brief privaten Charakters, dem sich im neuen Jahre eine Anzahl brieflicher Mitteilungen, welche sich auf das Unternehmen bezogen, anschlossen. Dieselben wurden haupt=sächlich durch meine Mitwirkung bei der Wahl verschiedener Darsteller veranlaßt.

Mein lieber Freund!

Damit ich doch auch das alte Jahr mit etwas An=genehmem schließe, antworte ich Ihnen sogleich nach Em=pfang ihres guten, guten Grußes!

Ihr theuren Gerechten Alle, und namentlich auch unser Mit-Haupt-Gerechter Zeroni! Seid herzlichst von mir und den Meinigen gegrüßt!

Gesundheit, Stimmung, Laune — kurz — was man Natur und Gottes-Gabe nennt — ist gut. Hie und da ein Hängen und Würgen aber — immer doch zum Guten sich fügend.

Schön, sehr schön, war Euer lieber Besuch, Ihr zwei Haupt-Gerechten! — Bringt nur ein anderes Mal auch die Gerechtinnen mit! —

Bald werdet Ihr recht Genaues über den Fortgang unserer Vorbereitungen erfahren! —

Gutes Jahr wünscht Ihnen vor Allem
Ihr
getreuer

Bayreuth,   Richard Wagner.
31. Dez. 1874 Abend.

Lieber Freund!

Nochmals: Gutes, neues Jahr! — Jetzt aber kommen die Sorgen, nämlich: Die näheren Bestimmungen für die Besetzung gewisser Parthien in meinem Dinge. Da ich in Mannheim eine ganze Ansammlung von Frage-Zeichen vor mir habe, wende ich mich an Sie als Diplomaten, weil ich hoffe, Sie werden mit mir besser umgehen, als Graf Arnim mit Bismarck.

1. H. Unger*) soll den Versuch machen, mit dem Loge fertig zu werden und nebenbei (für den Nothfall)

---

*) Hans Richter hatte ihn in Mannheim geprüft und dann empfohlen.

den Sigmund studiren, was ihm für die Zukunft, selbst wenn er ihn zunächst in Bayreuth nicht singen sollte, nur von Nutzen sein kann, sobald er hier allen Proben mit beiwohnt. —

2. Herrn Knapp*) hätte ich, vieler seiner Eigenschaften wegen, gern zum Fafner: Freund Langer soll doch sehen, ob dies mit Knapp's Stimme (der einigen Tiefe wegen) geht. — Wenn nicht, bleibe es beim Donner, mit dem Studium des Gunther als Dublette, — ganz in dem Sinne wie bei Unger mit Sigmund. —

3. Fräulein Auguste v. Müller:**) „Grimmgerde", eine der Walküren. Erda und 1. Norn als Dublette für die Fälle vide: Unger — Sigmund.

4. Fräul. Johanna König**) — die Vogelstimme im Siegfried — die etwas kleine Figur der Dame verwehrt es mir, sie weiter zu beschäftigen. Wohl hätte ich sie noch zur ersten Rheintochter „Woglinde" verwenden können: hierfür bedürfte ich jedoch in erster Linie sehr bühnenkundige, erfahrene und muthige Frauenzimmer, denn sie singen meistens in Flugmaschinen, wofür die Schwestern Lehmann sich mir erboten haben. Aber: Vorsicht ist auch hier gut; Frl. König möge die Woglinde, sowie Frl. von Müller auch die Floßhilde sich einstudiren.

— Für alle Studien möge Freund Langer sorgen. — Dies die vorläufigen Machinationen; erhalte ich nun

---

*) Bariton am Hoftheater in Mannheim.
**) Schülerin von Ernst Frank.

von Ihnen gute Nachricht in Betreff der Bereitwilligkeit der Genannten, so erfolgen meinerseits die offiziellen Schritte, Zusendung der Partien, nähere Abmachungen. Nun muß ich über den in meinen Vorschlägen berechneten Punkt der u n b e d i n g t e s t e n Willigkeit, in jeder Weise, die ich dem Ganzen für zuträglich halte, mitzuwirken und fest einzu= treten, vollkommen versichert sein. Sänger=Empfindlichkeiten, Rollen=Begehren und Ansprüche in diesem Bezug, nöthigen mich da, wo ich sie antreffe, sofort zum vollständigen Ab= bruche. Nur aus dem freien, guten Willen a l l e r M i t = w i r k e n d e n kann das hervorgehen u. gelingen, was ich beabsichtige.

Noch fehlt mir eine S i e g l i n d e; das ist ein Elend! Sie muß schlank und tüchtig sein. Mit Fr. Jaide geht es nicht. Ist Ihnen Etwas vorgekommen. Falls K n a p p nicht den Fafner will: hätten Sie dort so einen gehörigen Kerl dafür? Allerdings muß es eigentlich ein kraftvoller tiefer Baß sein. —

Tausend herzliche Grüße von Haus zu Haus und an die ausgezeichneten Gerechten!

Ihr
alter kleiner

Bayreuth,   R i c h a r d W a g n e r.
2. Jan. 1875.

Da K n a p p s Stimme für den Fafner nicht die er= forderliche Tiefe besaß, empfahl ich Herrn von R e i c h e n = b e r g.

(Postkarte.)

In wenigen Tagen gehen an Alle offizielle Schreiben ab, welche Alles erklären und — fragen. H. v. Reichen=

berg soll mir willkommen sein. Halten Sie ihn für
tüchtig zum Fafner, so möchte ich ihn gern schnell ein=
mal hier haben.

Mit herzlichem Gruß

Ihr

Bayreuth, 14. Jan. 75.   R. W.

Lieber guter Freund Heckel!

Und nun, nach diesem Schwall von Besorgungen, ein
Wort zu Ihnen!

Also! —

Hier die feierlichen Schreiben, welche ich, der höheren
Feierlichkeit wegen Sie ersuche, den verschiedenen Betreffenden
persönlich zuzustellen. (Sie können auch einen Toast dabei
ausbringen!) Uebergeben Sie Jedem die ihm zukommende
Partie. An Frl. v. Müller habe ich einiges schriftlich hin=
zugefügt, wegen der „Erda“, die ich ihr jetzt noch nicht
einzig anvertrauen möchte. — Jedoch Sie wissen aus meinem
letzten Briefe Alles schon, und nun demgemäß vertheilen
Sie die Parthien.

Herrn Knapp kann ich einstweilen nur seine un=
bedingte Partie — Donner, zustellen, weil Gunther
(dem Vorsichtsplane gemäß auch von ihm zu studiren) noch
im Stiche nicht fertig ist. Außerdem muß mir Herr Knapp
aber in der Götterdämmerung auch noch 1 Mannen über=
nehmen; alle Solisten, welche hierin nicht mit beschäftigt
sind, übernehmen einen der 16 Mannen. Auch Herrn
Unger wollen Sie das freundschaftlichst eröffnen. Alle
müssen nicht nur gut — sondern auch gütig sein. Die
Mannen=Partien folgen nach. Auch soll Herr Unger eine
Sigmund=Partie bekommen (in Dupplo!), der Loge wird

ihm aber schon grade genug zu schaffen machen. Kann er
einmal abkommen, so überhörte ich ihn gern. Ende März
bin ich wieder in Bayreuth. —

Und nun viele und noch mehrere herzliche Grüße aus
Wahnfried, von vielen und auch von

Ihrem

sehr obligirten

Richard Wagner.

Bayreuth, 25. Jan. 1875.

Obigem Brief lagen gedruckte Mittheilungen Wagners
für die Mitwirkenden bei. Ich frug wegen des Betrages
der Aufenthaltsentschädigung für die Darsteller bei Wagner
an und bat gleichzeitig, mir ein Exemplar des Rund=
schreibens zu übersenden. Ich erhielt es mit folgenden
Zeilen auf der letzten Seite des Cirkulars:

Bayreuth, 28. Januar 1875.

Also, hier das Gewünschte. 8 bis 10 Mark Ent=
schädigung pro Tag u. s. w. werden wohl für die Unbe=
mittelteren gut herausbringen: also — sagen Sie den
Leuten, daß sie das bedingen könnten. Für gutes u. billiges
Unterkommen meiner Bande wird gründlich gesorgt.

Guten Abend, lieber Freund!

Ihr

R. Wagner
(Canzelist.)

Da die Mitglieder des Mannheimer Hoftheaters bei
Gastspielen an die Pensionskasse bestimmte Abgaben zu
entrichten haben, so verlangte Knapp eine höhere Ent=
schädigung.

Lieber Freund!

An Sie also — wie immer — kurz und resolut.

Knapp langweilt mich etwas mit dem etwas absurd lautenden Passus betreffend gewisse noch absondere Abzüge. Eilers und vorzügliche außer ihm, so auch der arme Unger, acceptiren die einfache Entschädigung, Eilers sogar nur mit Neunzig Thaler pro Monat. Eilers singt mir zwei Hauptpartien, während ich für Knapp mit Bestimmtheit nur auf den Donner rechne, während ich selbst hierfür Degele in Dresden umsonst haben kann. Besteht Herr Knapp auf seinen 15 Mark, so werde ich ihn nur für die erste Woche Juli und die erste Woche August d. J. sowie für die erste Hälfte Juni, dann vom 15. Juli an bis 21. August gebrauchen können; er kann sich dann in der Zwischenzeit anderswo Geld verdienen. Aufrichtig, mich verdrießt diese Quergelei! —

An Unger, Frl. König und Frl. von Müller schreibe ich selbst zu. — Sonst geht vieles recht gut; großer Wetteifer allerseits, mir den Kostenpunkt zu erleichtern.

Richter soeben hier auf der Hochzeitsreise. 11. d. M. reisen wir selbst nach Pest und Wien ab. Seien Sie doch 1. März Abend zur Aufführung (lauter Götterdämmerung) in Wien!

Herzliche Grüße von Haus zu Haus!

Ganz und gar

Ihr

Bayreuth, 6. Febr. 1875.   Rich. Wagner.

Lieber Freund!

Daß Sie nicht Stadtrath sind, thut mir um Seidels Willen leid, da er beschwor, Sie wären es.

Haben Sie noch kein schönes, schlankes und großes Frauenzimmer?

Wir gehen zuerst nach Wien, und — vielleicht — dann erst nach Pest. 20. d. M. reisen wir, und wohnen in Wien bei Standthartner, im Stadtkrankenhause. Ein Zimmer daselbst können Sie nur als Stadtkranker bekommen. Proben und Concert stehen Ihnen frei — versteht sich. Eine Nummer müssen Sie aber dafür da capo rufen. Ich werde sie Ihnen bezeichnen.

Knapp ist Knapp! —

Schönste Grüße hin und wieder!

Ihr

Richard Wagner.
Stadtrath.

Bayreuth,
9. Febr. 1875.

Lieber Freund Heckel!

Da Sie (was ich nicht angenommen hatte) Herrn Knapp meinen letzten, ihn betreffenden Brief wörtlich mitgetheilt, und ihn somit in die Verlegenheit gesetzt hatten, einige vertrauliche, fast scherzhafte Ausdrücke auf sich zu beziehen, — so bitte ich Sie nun, auch diese heutige Mittheilung ihm zur wörtlichen Kenntniß bringen zu wollen.

Ich spreche Herrn Knapp von jedem Verdachte, von einer gewissen Einrichtung des Mannheimer Hoftheaters persönlich profitiren zu wollen, vollständig frei, schätze seine Person und sein Talent, und erkläre, daß, fühlte ich mich autorisirt auf Kosten meiner Patrone einen Künstler zu unterstützen, ich im Betreff des Herrn Knapp keinen Augenblick anstehen würde, die reichlichste Entschädigung zuzugestehen. Allein hier stoße ich auf einen Entscheid des

Mannheimer Theater-Comite's, welcher mich geradezu em=
pört. Einem Künstler, welcher bei dieser Gelegenheit
Nichts profitirt, einen Tribut aufzuerlegen, wie er nur
von einem persönlichen Gewinn beansprucht werden kann,
— und dies im Angesichte eines Unternehmens, wie des
meinigen, wo Alles nur durch freiwillige Opfer zu Stande
kommt, bekundet eine Absicht und eine Gesinnung, welche
mich wünschen macht, daß ihr eine Strafe und öffentliche
Züchtigung zu theil werde.

Meine Patrone werden diesem vortrefflichen Comité
ihren Tribut nicht zahlen, und somit entsage ich, und
zwar einzig aus diesem Grunde, der Mitwirkung des von
mir durchaus hochgeachteten Herrn Knapp bei meinen Fest=
spielen. —

Mit herzlichem Gruße verbleibe ich der

Ihrige

Bayreuth,   Richard Wagner.
13. Februar 1875.

Auf meine nächste Anfrage antwortete Wagner zunächst
telegraphisch:

Emil Heckel Mannheim.

Ist Reichenberg tiefer Baß, Fasner, so komme er morgen.
Wenn nicht, Reise zwecklos. Wiener Abreise Sonntag.

Wagner.

Lieber Freund Heckel!

Schön Dank! — Viel Mühe und Aerger. — Erwarte
gern Herrn v. Reichenberg, nur ist meine Zeit jetzt knapp,
was mich darauf bringt, Sie zu bitten, die Sache mit Herrn
Knapp doch jedenfalls nun in Ordnung zu bringen. Ich

bin, seit die Herren Kapellmeister sich so schlecht benehmen, des Marktens und Feilschens sehr müde geworden. Auch interessiert mich Knapp wirklich. Er möge sich nur seine Zeit, der Ordnung der Proben gemäß, gut einrichten; d. h. ich brauche ihn nur für das Rheingold, und — will er einen Mannen singen — für Götterdämmerung, die anderen Stücke kann er ganz für sich zu Gastspielen u. s. w. benützen, und gern würde ich nicht, während der Zeit, wo er unbeschäftigt hier lege, namentlich an den Mannheimer Pensionsfond Abgaben leisten. —

Im Betreff Herrn Unger's bin ich in diesem Augenblicke noch sehr ungewiß daran. Sie wissen das!

Ich erwarte die Nachricht, nach welcher ich bis spätestens 5. April in München den Tristan zu sehen gedenke: entspricht nun Frau Vogel meinen Wünschen, und kann ich sie für die Sieglinde anwerben, so wird mir dies ohne Zweifel nur dann gelingen, wenn ich auch ihren Mann mit nehme. Diesem kann ich nun keine andere Partie als den Loge übergeben. Somit wüßte ich dann für jetzt nicht, was mit Herrn Unger, den ich noch so wenig kenne, anzufangen sei. Immer noch hat dieser aber mir eine Erinnerung hinterlassen, welche mich bestimmt, ihn — für alle Fälle — noch genauer kennen zu lernen. Er müßte dafür, rein um des Zweckes willen, jedenfalls von mir etwas ihm Nützliches zu erlernen, einige Zeit in meiner Nähe zubringen können. Ich kann ihm nur keine Aufenthaltentschädigung dafür zahlen.

Nun sehen Sie einmal, wie es hiermit stehen und gehen könnte.

Für den Fall, daß mir Frau Vogel definitiv miß fällt, würde Unger jedenfalls als Loge eintreten.

Ich habe zuletzt viel wüstes erlebt, bin auch nicht wohl. Endlich muß Alles aber doch gehen.

Herzlichen Gruß von

Ihrem

getreuen

Bayreuth,   Richard Wagner.
26. März 1875.

Reichenberg könnte mich von jetzt bis erste Tage April sicher in Bayreuth treffen.

Lieber Freund!

Großen Dank für Herrn v. Reichenberg: er ist eine vorzügliche Acquisition für jetzt und die Zukunft. —

Wer hat Ihnen die beiden Sängerinnen in Bremen empfohlen? Ich könnte mir vielleicht die eine oder die andere nach Hannover kommen lassen, wo ich — des Tenoristen wegen — Sonntag und Montag –- 11. und 12. April — mich aufhalte. Könnten Sie so etwas vermitteln? —

Die Nachrichten über Unger, welche mir Reichenberg gab, waren, was seine Stimme betrifft, nicht günstig; weiß er keinen Ton zu halten, so kann ich ihm das nicht erst lehren. Mir wird bang vor ihm. — — —

Knapp wünsche ich jedenfalls. — Berliner Konzert — 24. April: — Gott weiß! —

Beste Grüße von Ihrem

Bayreuth,   R. Wagner.
2. April 1875.

Geehrtester Freund!

Schicken Sie mir nur Herrn Unger! Ich habe mit ihm gutes im Sinne, namentlich auch für ihn selbst. Wenn ich sehe, daß etwas mit ihm anzufangen ist, studire ich ihm den Tannhäuser für Wien ein, wo er dann engagirt werden dürfte. Also! —

Mit Knapp ist also nichts?

Thut mir leid. —

Patronisiren Sie gut! Wir sind schlimm daran, und kaum weiß ich noch, woher ich die diesjährigen Proben bestreiten soll! Alles kostet mehr als angenommen war, und Runckwitz*) frißt Alles auf! —

Herzlichen Gruß!

Ihr

Bayreuth,   Rich. Wagner.
10. Mai 1875.

Zum 22. Mai übersandten wir dem Meister unsere Glückwünsche. Er antwortete:

Schönsten Dank an Alle
        Gerechte und Gerechtinnen!

Mein gutes Weib hat mich zu meinem Geburtstage mit einem herrlichen Gartenfeste erfreut!

Aber: — —
        die Geschäfte! —

Unger kommt immer noch nicht, trotzdem ich ihm telegraphisch zweimal Bedeutendes in Aussicht stellte. Ich

---

*) Der Baumeister des Festspielhauses.

glaube, ich muß ihn auch bereits von vornherein auf=
geben. — — —

Verzeihen Sie! Ihre kleinen Anfragen, wegen dieses
oder Jenen, ob er Proben besuchen könnte? . . . u. f. w.
erfordern oft Antworten, die mir nicht so leicht fallen, —
denn ich bin viel mehr geplagt, als Sie zu glauben scheinen.
Die diesjährigen Vorbereitungs=Studien, nicht =Proben,
sind durchaus der Sache, nicht aber dem Zuhören gewidmet:
1. bis 15. August allerdings bereis Orchesterproben, für
Aufstellung, Sitzen, Klang, erstes Durchlesen. Wer gerade
da ist und sich bescheiden benimmt, wird am Ende auch
Gelegenheit finden, etwas zu hören; nur besondere Erlaub=
nisse sind hierfür nicht zu ertheilen. —

Welche Schwierigkeiten habe ich noch vor mir! —

Möchten das alle Gerechten einsehen, und nicht im
Voraus mir immer nur zu meinen „Erfolgen" gratuliren! —
Viele herzliche Grüße
Ihr
Bayreuth,   R. Wagner.
27. Mai 1875.

Wagners Aufforderung an mich in seinem Brief vom
6. Februar nach Wien zu kommen leistete ich Folge. Die
Concertaufführungen von Theilen aus der „Götterdämmer=
ung" verliefen großartig.

Materna als Brünnhilde erweckte schon damals
unsere höchsten Erwartungen, während Glatz von Pest für
den Siegfried sich nicht als ausreichend erwies.

Wagner wohnte bei Familie Standhartner. Eines
Abends sang er uns daselbst den ganzen dritten Act der

„Götterdämmerung" vor. Am Flügel saß Joseph Rubin=
stein. Es war überwältigend, mit welchem Ausdruck der
Meister alles vortrug, und Jeder konnte sich glücklich
schätzen, dem es vergönnt war, ihm zuzuhören.

Außer Frau Wagner und Familie Standhartner waren
nur noch Gräfin von Dönhof, Anton Bruckner
und ich anwesend.

Wagner schätzte Bruckner sehr hoch und sprach davon,
seine Symphonien, die damals noch nirgends Verständniß
fanden, aufzuführen. Auch die Bekanntschaft eines anderen
Wiener Componisten machte der Meister in jenen Tagen.
Hugo Wolf, dem wir das neue deutsche Lied verdanken,
besuchte ihn als junger Mann, um ihm seine Erstlinge vor=
zulegen.

Beim Abendbrot brachte Wagner auf den von einer
schweren Krankheit genesenen Stiefsohn Standhartners, Herrn
Hauptmann Schönaich, folgenden Trinkspruch aus:

> „Mein grüner Hauptmann halte Stand;
> Es ist doch wirklich eine Schand',
> daß dein guter Vater Stand=
> hartner gar kein Mittel fand.
> Nun die Krankheit ist geschwunden,
> Ist das Mittel leicht gefunden.
> Gestern that ich dir was leiern,
> Heute wollen wir dich feiern:
> Lebe hoch und lebe lang,
> Mache selbst dem Tode bang!

Am 3. März 1875 fand eine große Festlichkeit zu
Ehren Wagners bei Hans Makart in dessen farben=
prächtigem Atelier statt. Außer der hohen Aristokratie waren
auch fast alle bedeutenden Männer der Kunst und Wissen=
schaft anwesend. Das Fest verlief sehr glanzvoll. Die Damen

waren bestrebt, durch die ausgewähltesten Toiletten ihren Geschmack vor Makart zu beweisen. Dieser war ein vorzüglicher Gastgeber.

Das Quartett Helmesberger spielte Beethoven. Als sich Jemand an den Flügel setzte und über Wagner'sche Werke zu phantasiren begann, faßte mich Wagner am Arm und sagte: „Kommen Sie Heckel, wir gehen in den Nebensaal, was soll ich mir denn meine Sachen vorspielen lassen."

Als im Laufe des Abends ein bekannter Dichter und erfolgreicher Theatraliker zu uns herantrat und bemerkte, so wie Wagner sei das deutsche Publikum noch nie einem großen Lebenden entgegengekommen, antwortete Wagner mit Humor: „Ja! der Sultan, und der Khedive von Egypten haben Patronatscheine genommen" und sagte dann, während er sich zugleich zu dem hinzukommenden Semper wandte: Ich weiß nur Einige, die ernsthaft für die Sache wirkten und wirken. Das ist Frau von Schleinitz in Berlin, Gräfin von Dönhof in Wien und da mein Heckel (indem er mir auf die Schulter klopfte), der die Leute von einer anderen Seite anpackt. Arbeiten die Andern von Oben nach Unten, so Heckel von Unten nach Oben.

*　　*
*

In einem Briefe an den Meister erwähnte ich, daß Brahms beabsichtige nach Mannheim und Heidelberg zu kommen. Durch diese Mittheilung veranlaßt, schrieb mir Wagner:

Lieber Freund!

Ich bitte Sie, Brahms Aufenthalt zu erfragen, und ihm diesen Brief zukommen zu lassen!

Alles geht erträglich vorwärts. Bald mehr!

    Bayreuth,   Ihr ergebener

6. Juni 1875.   Rich. Wagner.

Brahms war im Besitz eines Wagner'schen Manuskriptes, das dieser zurück erbat und wofür er Brahms die Partitur des „Rheingolds" überließ.

Oben erwähnter Brief erreichte Brahms in Ziegelhausen bei Heidelberg, von wo aus er mir dessen Empfang anzeigte.

Brahms besuchte mich in Mannheim. Wir besprachen bei diesem Anlaß, wie bei meinem Gegenbesuch in Ziegelhausen das Bayreuther Unternehmen. Ich behielt aber doch die Ueberzeugung, daß Brahms es nicht ungern sah, wenn ihn Gegner Wagners als Antagonisten des Bayreuther Meisters ausspielten.

Ueber verschiedene das Unternehmen betreffende Fragen insbesondere auch wegen des Gasthofes, den Albert aus Heidelberg zu den Festspielen in Bayreuth errichten wollte, correspondirte ich in der nächsten Zeit hauptsächlich mit Frau Wagner.

Als ich erfuhr, daß Unger, der ursprünglich den Loge singen sollte, mit dem Siegfried betraut worden war, bezweifelte ich dessen Befähigung hiezu. Wagner schrieb mir in Folge dessen:

Ei! Ei! Freund Heckel! So leicht wendet sich ihr Urtheil? Vor Kurzem noch vertheidigten Sie Unger, — jetzt glauben Sie an Jäger? — Nun, ich bin jetzt mit Unger darin, habe mich allerdings sehr mit ihm gequält, bis ich seine sächsische Vocalisation, welche seine Stimme vollständig unkenntlich machte, überwand, gewann nun aber die Hoffnung, daß ich mit keinem mir bekannten Tenoristen beſſer fortkomme als mit ihm. Auch werde ich ihn ganz hier behalten; er war offenbar ein verlorenes, aber nicht energieloſes Weſen. Jäger iſt vortrefflich, aber — — —

Die Unterkunftfrage tritt jetzt hier in ein neues Stadium; wir werden ohne neu zu erbauenden Gaſthof auskommen müſſen.

Herzlichen Gruß von

Ihrem

Bayreuth,   getreuen Componiſten

25. Juni 1875.   R. Wagner.

Wie iſt eigentlich die Adreſſe des Frl. v. Müller?

Am 30. Juli 1875 reiſte ich mit meiner Frau nach Bayreuth zu den Studien und Proben. Wir blieben daſelbſt bis 17. Auguſt 1875. Es war eine Zeit unendlich reich an tiefen Eindrücken, aber auch an Beſorgniſſen und Aufregungen.

Erfordert ſchon unter den gewöhnlichen Theaterverhältniſſen der Verkehr mit den darſtellenden Künſtlern ein einſichtiges Verſtändniß für ihre raſche Erregbarkeit, ſo war hier, wo ſo unendlich viel von dem guten Willen jedes Einzelnen abhing, erhöhte Vorſicht geboten, um auch ohne drakoniſche Theatergeſetze ein harmoniſches Zuſammenwirken zu ermöglichen. Jeder Mangel an Einſicht, jede pedantiſche Auslegung von Worten, welche ohne Ueberlegung nur einem ſpontanen Gefühle entſprangen, hätten hier zu verhängnißvollen Wirrſalen geführt. Die außerordentliche Eigenart des Unternehmens, dem ſich ſo gar nicht in gewohnter Weiſe gegenüber treten ließ, barg an ſich ſchon eine Menge Keime zu raſch wuchernden Mißverſtändniſſen.

Da an der ſofortigen Klärung jeder unerwarteten Trü=

bung oft unendlich viel lag, begab ich mich täglich in aller Frühe in das Bureau des Verwaltungsrathes bei Banquier Feustel, unterrichtete mich über alle Vorfälle und suchte dann Wagner auf.

Ich traf ihn meist noch im Garten an, wo er mit seiner Frau und Liszt den Kaffee nahm. Die erste Frage lautete gewöhnlich: „Will Niemand abreisen?!" Denn die Drohung „sofort abzureisen" kehrte als Refrain bei allen Auseinandersetzungen der Unzufriedenen wieder.

Mit nicht hoch genug zu schätzender Aufopferung war Frau Wagner bestrebt im Verkehr mit den Künstlern die Erledigung unangenehmer Mittheilungen an Stelle des Meisters zu übernehmen.

Sehr oft herrschte im persönlichen Verkehr zwischen Wagner und seinen Künstlern heitere Ausgelassenheit. Bei der letzten Clavierprobe im Saale des Hotels „Sonne", stellte er sich thatsächlich aus Uebermuth auf den Kopf. Immer war er bestrebt, bei den Mühen, welche der ungewohnte Stil seines Werkes Vielen bereitete, dieselben bei Humor zu erhalten und die Gemeinsamkeit der Arbeit und des Zieles zu betonen.

Vor Abend pflegte er meist bei „Angermann" einzukehren. Es war nicht nur Erholung, welche er hier im Kreise seiner Künstler suchte. Es lag ihm daran, mit ihnen in persönlicher Beziehung zu bleiben. Sie sollten ihn und seine künstlerischen Zwecke kennen und verstehen. Die Abende in Wahnfried, welche einen mehr gesellschaftlichen Charakter annahmen, konnten dem ungenirten gegenseitigen Aussprechen nicht so sehr dienen, als dieser ungezwungene heitere Verkehr bei Angermann. Das damals sehr einfache Haus kam durch Wagner zu einer Weltberühmtheit.

Wagner verstand es in höchstem Grade auf jede künstlerische Individualität einzugehen. So wenig er sich gegenüber der Opernschablone und dem sinnlosen Theaterschlendrian zu Zugeständnissen bequemte, so sehr war er anderweitig darauf bedacht, daß jeder Darsteller seine Aufgabe auf seine eigene Art löse.

Ich erinnere mich, wie er einmal Niemann eine Scene im zweiten Akt der Walküre vorspielte. Als dieser u. a. entgegnete: „Ja lieber Meister, das paßt sehr gut für Ihre Figur, aber für mich nicht. Ich muß bei meiner Größe doch Bewegungen machen, die mir gemäß sind!" bestätigte ihm Wagner dies sofort und sagte: „Ich sehe, Sie haben mich richtig verstanden, darum allein handelt es sich; spielen Sie jetzt nur wie es Ihnen recht dünkt."

Daß trotzdem nicht der einheitliche Stil der Aufführung litt, indem Launen oder willkürliche Absonderlichkeiten sich breit machten, dafür sorgte der schöpferische Zauber, welcher von Wagner ausging, und seine Genialität als Sceniker. Genügten doch oft schon wenige charakteristische Andeutungen, um individuell veranlagte Künstler zu selbstständiger organischer Gestaltung im Geiste seines Werkes anzuregen.

Jeden Abend von acht bis zehn Uhr war gesellige Unterhaltung in Wahnfried. Wagner fühlte sich wohl und heimisch im Kreise seiner Künstler und Freunde.

Manchmal ergingen wir uns bei heiterem Wetter auch im Garten. Nur wenn Liszt sich an den Flügel setzte, da eilte alles in den Saal zurück.

Wer ihn nicht gehört hat, vermag sich, auch wenn er Bülow, Rubinstein oder Tausig kannte, keine Vorstellung zu machen von der unbeschreiblichen Zauberwirkung feines Spieles. Oft verlieh er einem Werke, das er vortrug, einen solch' intimen individuellen poetischen Reiz, daß man die Zärtlichkeit seiner Seele, welche wir aus seinem herrlichen Briefwechsel mit Wagner kennen, unmittelbar zu fühlen glaubte. Wenn nun gar schöne Frauen um ihn herum saßen, da nahm sein Spiel fast den Charakter eines persön= lichsten reizvollsten Gespräches an. Er schien nicht mehr ein Werk zu reproduciren, sondern gleichsam unmittelbar auszusprechen, was in jenem zum Niederschlag gekommen war. Sein Spiel schien keine Wiedergabe eines Klavier= stückes mehr, sondern künstlerische Conversation. Die Con= versation eines Liszt!

In dieser Weise aufgefaßt, dürften sich auch seine Werke am unmittelbarsten dem Verständniß erschließen.

In den folgenden Jahren hörte ich Liszt noch oft in engem Kreise spielen, sowohl in Bayreuth als auch in Freiburg i. B., wo er der vorzüglichen Aufführung seines „Christus" unter Dimmler's Leitung beiwohnte, und in Baden=Baden.

Einmal — es war außerhalb der Festspielzeit — trug er in Wahnfried neue Compositionen von sich vor, darunter die wunderbare „Vogelpredigt". Dann spielte Wagner, als er sich mit Liszt über den Vortrag einer Bach'schen Fuge aus dem „Wohltemperirten Klavier" ausgesprochen hatte, diese unter überzeugender Hervorhebung seiner beson= deren Auffassung.

Außer Wagner und seiner Familie waren nur Frau von Meyendorf aus Weimar, meine Frau und ich an= wesend.

Wagner und Liszt erinnerten sich gegenseitig an die in ihrer Jugendzeit entstandenen besten Walzer. Liszt spielte aus dem Gedächtniß solche von Strauß und Wagner solche von Lanner. Wir tanzten dazu.

„Herr Heckel, so gut," meinte Frau von Meyendorf, „hat man mir noch nie zum Tanze aufgespielt. Wagner und Liszt als Tanzmusikanten!"

Das Wort wurde von beiden Meistern freundlich auf= gegriffen, und eine heitere Ungezwungenheit hielt den gan= zen Abend an.

Der Aufforderung Wagners, dauernd von Mannheim nach Bayreuth überzusiedeln, konnte ich mit Rücksicht auf mein Geschäft keine Folge leisten, aber Bayreuth wurde mir doch zur zweiten trauten Heimath.

Liszt wußte von den Kämpfen, die ich gegen die musikalischen Reactionäre in Mannheim zu führen hatte, und noch in späteren Jahren, als ich ihn in Weimar besuchte, frug er mit Beziehung auf die ehemaligen Händel=Auffüh= rungen: „Nun wird in Mannheim noch immer so viel Halleluja gesungen?"

Glücklicher Weise konnte ich es ihm verneinen, und als ich ihn einige Zeit darauf bei mir in Mannheim be= grüßen durfte, bewies ihm die Aufführung der „Götter= dämmerung", daß die Zeit und die „Wagnerianer" eine Umwandlung herbeigeführt hatten.

Während der Theaterproben leisteten mir die von Federlein in München (jetzt in Amerika) zusammenge= stellten „Leitmotive" aus „Rheingold" und „Walküre" gute Dienste. Ich hatte mir dieselben aus dem „Musikalischen Wochenblatt" ausgeschnitten und an entsprechenden Stellen im Textbuch eingeklebt. Für diese Zusammenstellung interessirte sich Liszt sehr. Er hatte schon anläßlich der Aufführungen von „Tannhäuser" und „Lohengrin" in Weimar auf die Leit=

motive dieser Werke in seinen vorbereitenden Erläuterungen
hingewiesen. Ich machte Hans von Wolzogen den
Vorschlag, anschließend an Federleins Arbeit auch die Mo=
tive aus „Siegfried" und „Götterdämmerung" zusammen=
zustellen. Wolzogen entschloß sich hierzu, nachdem er sich mit
Liszt besprochen hatte. Er dehnte seine Arbeit auf sämmt=
liche Theile des Festspiels aus. So entstand sein bekannter
„Thematischer Leitfaden durch die Musik des „Ring des
Nibelungen," dem später viele andere nachfolgten.

Nach den Theaterproben verließ ich Bayreuth, reich
an gewaltigen Eindrücken, aber nicht ohne Besorgnisse für
die finanzielle Förderung des Unternehmens, denn die Zu=
flüsse waren gering.

Wagner schenkte mir zur Erinnerung an die Zeit der
Theaterproben eine Medaille in Kupfer mit seinem Por=
trait von Scharff in Wien.

Auf ein Rundschreiben an die Künstler, um dessen nach=
trägliche Uebersendung ich den Meister bat, schrieb er die
Worte:

Allervorzüglichster Patronenlader!

Im Uebrigen geht es so — so!—

Ein Cantor Fischer in Zwickau hat kürzlich 6 u. $^2/_3$
Patrone bei sich geworben, 6000 Mark geschickt, und an=
gefragt, ob er dafür einen Freiplatz erhalten kann. (!!!) —

21. d. M. hier Tannhäuser

-- (!!) —

Probenpläne habe ich nicht zur Hand, lassen Sie sich
einen von Feustel, oder Fischer (Nibelungenkanzelei) schicken.

Viele herzliche Grüße von

Ihrem abgehetzten

Wien, 11. Nov. 75.   Richard Wagner.

Schlimme Nachrichten Feustels über den Mangel an Geldmitteln für das Unternehmen wurden durch Wagners nächsten Brief bestätigt:

Liebster bester Freund!

Auf die Frage „wie's uns geht" ließe sich Vieles antworten! Die Welt, und namentlich auch „Germania", wird mir immer widerwärtiger!

Unsere Sorgen sind groß und schließlich muß ich den Vorsatz, die Aufführungen in diesem Jahr noch stattfinden zu lassen, für tollkühn ansehen. Wir sind mit den Patronatscheinen bis 490; bedürfen aber, den neuesten Berechnungen nach 1300, um auszukommen. Das ursprünglich projectirte Unternehmen ist also eigentlich vollkommen gescheitert. Nun gilt es dem Wagniß, zu sehen, was uns die Neugier schließlich noch herbeizieht. Selbst Feustel glaubt es darauf hin wagen zu können; nur sehen wir einem Fehlen des Geldes für Juni u. s. w. entgegen, wo die Musiker und Sänger ankommen, und baares Geld beziehen wollen. Ich suchte einen Vorschuß von 30,000 Th. beim Kaiser nach. Was zu machen ist, will ich noch sehen, wenn ich Anfangs März nach Berlin komme, um andererseits dort wiederum zu sehen, wie es mit dem „Tristan" steht, an welchen ich ebenfalls noch nicht recht glaube. — Im Uebrigen machen wir hier gute Miene. Alles wird fertig (auf Credit!); die künstlerischen Details der Ausführung werden in höchster Vollendung ausgearbeitet. Brandt, wie immer, ausgezeichnet, — meine Hauptstütze!

Von den Sängern ist mir, außer von X. nichts widerwilliges aufgestoßen: Alles scheint mit festem Muthe bei der Sache zu bleiben. Für X. werde ich helfen können, —

wenn er selbst in letzter Stunde doch nicht noch umkehrt; ganz fertig ist es mit ihm noch nicht. Sonst wenig Neues.

Grüßen Sie Frau und Freunde schönstens von mir und uns!

Können Sie etwas hexen, so soll mir das lieb sein! Immer aber bleibe ich

Ihr

herzlichst ergebener

Bayreuth,   Richard Wagner.

4. Febr. 1876.

Den 12. März 1876 kam ich nach Bayreuth zu einer Besprechung mit dem Verwaltungsrath. Dann — Wagner war bereits vorher hingereist — nach Berlin zur Aufführung von „Tristan und Isolde". Nach der Aufführung sprach Kaiser Wilhelm I. in herzlicher Weise Wagner seine Bewunderung aus und versprach ihm zu der ersten Aufführung des Bühnenfestspiels nach Bayreuth zu kommen.

Wagner theilte mir mit, daß der König von Bayern bereits seine Schlösser in Bayreuth für den Kaiser zur Verfügung gestellt habe und selbst zur Generalprobe eintreffen werde.

Da ich mit Wagner im „Thiergarten-Hotel" wohnte, verwies er alle Berichterstatter, die sich bei ihm melden ließen, an mich.

Eines Abends als Josef Rubinstein uns Wagners „Amerikaner Marsch" (Großer Festmarsch zur Eröffnung der hundertjährigen Gedenkfeier der Unabhängigkeits-Erklärung der Vereinigten Staaten von Nordamerika) vorspielte, sagte der Meister, er habe dafür seiner Zeit ein sehr anständiges Honorar erhalten. Dabei holte er aus der Westentasche ein Fünf=Centstück und gab es mir: „Da Heckel, das habe ich von dem Honorar noch übrig, das schenke ich Ihnen. Alles andere hat Feustel bereits verwendet."

Am 22. März verabschiedete ich mich von Wagner und seiner Frau und versprach frühzeitig in Bayreuth zu den Festspielen einzutreffen.

*   *   *

Bereits im Herbst des vorangegangenen Jahres hatte Wagner im „Musikalischen Wochenblatt" eine Bekanntmach= ung erlassen, in welcher er Alle, die sich um freien Eintritt zu den Festspielen bewarben, an die Wagnervereine und namentlich nach Mannheim verwies.

Jedoch fehlten mir während der nächsten Zeit be= stimmte Directiven, nach welchen die Vertheilung statt= finden sollte.

Erst im April 1876 erfolgten hierüber öffentliche Erklä= rungen Wagners, die er mir vorher durch einige Zeilen an= kündigte.

Liebster Freund!

Dieser Tage erfolgt in Betreff der Freiplätze eine Veröffentlichung, welche Sie gewiß im höchsten Grade befrie= digen wird!

Herzlichen Gruß

Ihr

8. April 76.   Richard Wagner.

Leider mußte nachträglich die Zahl der frei zu ver= gebenden Plätze vermindert werden, da durch bauliche Ver= änderungen eine Anzahl Plätze verloren gingen.

Ein brieflicher Gedankenaustausch fand in der ersten
Hälfte von 1876 seltener statt, da ich bereits am 14. Mai
wieder in Bayreuth eintraf; diesesmal zu einer Versammlung
der Delegirten der Wagnervereine und Patrone. Auf Ver=
anlassung des Meisters traten Adolph Groß in Bayreuth
und ich in den „Verwaltungsrath" ein.

Nach meiner Rückkehr am 17. Mai sandte ich Wagner
meine Geburtstagsgratulation und ließ am 22. Mai wie
alljährlich die telegraphischen Glückwünsche der „Mann=
heimer Gerechten" folgen.

Am 22. Mai 1813 war Wagner geboren; der 22. Mai
1831 war mein Geburtstag. Dieses Spiel des Zufalls er=
scheint um so auffälliger, als es sich auch fügte, daß 1871
es wiederum der 22. Mai war, der mich bei Tausig in
Berlin zum ersten Mal die Begründung der Wagnervereine
in Vorschlag bringen ließ.

Im Auftrag von Wagner erhielt ich eine Einladung,
den sämmtlichen Aufführungen des Bühnenfestspiels als
„Ehrenpatron" beizuwohnen.

Ich reiste daher am 9. Juli mit meiner Frau auf zwei
Monate nach Bayreuth, um nunmehr die Erfüllung dessen
zu erleben, dessen Förderung seit Jahren das freigewählte
Ziel meiner Thätigkeit bildete und mein Fühlen und Denken
aufs innigste einnahm.

*　　　*
*

Die Arbeitslast vor und während der Festspiele war
für den Verwaltungsrath keine geringe und Wagner be=
grüßte mich schon bei meiner Ankunft mit den Worten:
„Endlich kommen Sie."

Wieder galt es wie 1875 manche bedrohliche Differenzen beizulegen, aber die Macht des Genius, vor dem sich schließlich doch wieder Jeder beugte, hielt alles zusammen. Die Größe des Kunstwerks und das Bewußtsein, zu dessen lebendiger Verwirklichung in aufopfernder Weise beizutragen, gab allen Mitwirkenden eine Weihe, die kleinliche Interessen im entscheidenden Augenblick zurücktreten ließ.

Wagner verfaßte verschiedene Anschläge als Nachrichten für das Publikum oder für die Darsteller.

Die nachstehende Mittheilung überschickte er mir am 14. August zur Uebermittelung an die Druckerei:

Die geehrten Patrone der Bühnenfestspiele mögen es weder den Darstellern noch dem Autor verargen, wenn sie den ihnen gespendeten, höchst erfreulichen Beifallsbezeigungen nicht durch Hervortreten auf der Bühne dankend entsprechen, da sie sich zur Durchführung dieser Enthaltung vereinigt haben, um vor den Augen des Publikums sich einzig in den Rahmen des von ihnen vorgeführten Kunstwerkes eingeschlossen zu wissen.

Richard Wagner.

Mit der Generalprobe (6.—9. August) begann infolge der Anwesenheit des Königs von Bayern bereits das Fest.

Der Kaiser kam zur ersten Aufführung. Er sagte am Bahnhof zu Wagner auf das Festspielhaus verweisend in unserem Beisein: „Nun die Sonne bescheint ja ihr Werk" und gestand Wagner, daß er nicht geglaubt habe, daß er es fertig brächte.

Der künstlerische Erfolg der drei Aufführungen war ein

außerordentlicher. Ich lasse es unversucht, die empfangenen gewaltigen Eindrücke in Worten wiederzugeben.

Wagner selbst war von der Durchführung im Ganzen betrachtet hoch befriedigt. Die Worte die er auf ein photo= graphisches Bild von sich schrieb, als er es mir zum Ab= schied schenkte, fassen sein Urtheil zusammen.

> „O Freund Heckel
> Es war doch gut!"

Bayreuth 1876.   Richard Wagner.

Zur letzten Aufführung war abermals der König von Bayern eingetroffen. Er begrüßte uns mit freundlichen Worten, war aber während der Aufführungen außer für Wagner für Niemanden zu sprechen, da er sich in den Zwischenakten jeweils mit der Lesung der Dichtung be= schäftigte.

Die vorhandenen Geldmittel erwiesen sich leider noch immer als unzureichend. Seine Bayreuther Freunde ver= suchten daher Wagner zu veranlassen, persönlich vom König eine abermalige Creditgewährung zu erwirken. Aber Wagner wollte sich die Freude, welche ihm die warme Begeiste= rung seines königlichen Freundes gewährte, nicht stören lassen. Die Empfindung, daß er in diesen festlichen Tagen durch sein Werk gleichsam dem König für alle erwiesene Gnade danke, veranlaßte ihn jedes Drängen der erwähnten Art energisch zurückzuweisen im Bestreben, seine Verpflich= tungen gegenüber dem König „zu vermindern, nicht sie zu vermehren."

Die Abrechnung zeigte, daß ein Deficit von ungefähr

Mk. 160,000 zu decken blieb. Ein betrübendes und be=
unruhigendes Ergebniß. Ich ersuchte den Verwaltungsrath,
veranlassen zu wollen, daß die Stadt Bayreuth die Deckung
eines Theiles des Defizit übernähme, worauf dann auf
privatem Weg versucht werden könne, die Patrone zur
Zahlung des Restes zu bewegen.

Leider wurde mir auf meine wiederholten brieflichen
Anfragen immer wieder versichert, daß die Erfüllung eines
solchen Ansuchens von seiten der Stadt ganz aussichtslos
sei. Derselben war allerdings, als sie den Festplatz dem
Unternehmen schenkte, zugesagt worden, daß sie in keiner
Weise finanziell zu diesem herangezogen werden solle.

Wagner beschloß durch ein gedrucktes Circular die
Patrone um die Deckung des Deficits zu ersuchen, während
die Bayreuther Mitglieder des Verwaltungsrathes ihn
wiederholt angingen, durch die Gnade seines königlichen
Freundes Hilfe zu schaffen.

Ich schrieb am 30. Oktober 1876 an Wagner:

Lieber Meister!

Durch Ihren Verwaltungsrath in Bayreuth haben Sie
gewiß erfahren, daß ich mich dagegen ausgesprochen habe,
daß Sie ein Circular wegen Deckung des Deficits erlassen.
Die Mittel aufzubringen ist u n s e r e Sache und ich bin
der Meinung, daß dies durch Briefe und persönliche Besuche
bei den wirklichen Freunden geschehen soll. — Mein erster
Besuch bei Herrn F r i e d r. S c h ö n in Worms hatte den
Erfolg, daß mir derselbe Mk. 1000 zur Verfügung stellte,
dies theilte ich nach Bayreuth mit, erhielt aber noch keine
Antwort, was beschlossen wurde. Auch schrieb ich den Herren

wiederholt, daß wenn die Stadt Bayreuth als solche nichts zur Deckung des Deficits beitragen kann, wenigstens die Bürgerschaft unter sich eine nennenswerthe Summe aufbringen müßte. — Heute kam mir der Gedanke, ob es vielleicht zu ermöglichen wäre, daß im Jahre 1877 statt drei — vier Aufführungen stattfänden, um die Einnahme der ersten Aufführung zur Deckung des Deficits zu verwenden, wobei höhere freiwillige Beiträge als Mk. 100,— entgegen zu nehmen wären. — Ich wollte Sie in dem so schön gelegenen Sorrent mit Deficit = Angelegenheiten nicht quälen, aber meine Idee, daß man Sie bei Ihrer Zurückkunft mit der Nachricht: Das Deficit ist gedeckt, empfangen soll, ist wieder einmal nicht auszuführen, woran die „Russen", „Serben" und „Türken" mit schuld sind. —

Wagner antwortete mir in seiner herzlichen Weise:

Mein liebster Freund Heckel!

Sie sind wirklich der Erste, von dem mir aus Deutschland einmal ein sympathisches Lebenszeichen zukommt. Haben Sie Dank dafür.

Herr Feustel hat sich bisher noch durch nichts Anderes vernehmen lassen als durch Schreckberichte über das anwachsende Deficit, gegen welches man nun einzig von mir Rettung anspricht. Gut! Ich habe mein Circular aufgesetzt und zugeschickt; ich habe in Berlin, und beim König v. B. angefragt, — ohne noch Antwort zu erhalten. — Ihr Gedanken einer 4. Aufführung für das Deficit ist, unter solch elenden Umständen, gewiß der anständigste; nur wird man mit der Bezahlung gewisser Rechnungen nicht so lange warten können. Da ich nun überhaupt nichts wie Elendes mit der Beendigung meiner Festspiele erfahren, und es bei mir so steht, daß mir eigentlich sehr große Lust zur Wieder= holung und Fortsetzung gemacht werden müßte, wenn ich meinen grenzenlosen Widerwillen gegen jedes Befassen damit überwinden sollte, — so warte ich nur eigentlich noch auf eine recht niederträchtige Erfahrung, die mich entscheidet, Alles abzubrechen, und im buchstäblichsten Sinne. Ich werde dann vollständig verstummen, und lautlos Alles was da ist den Gläubigern der Unternehmung übergeben, ganz wie bei einem legalen Bankerott. —

Wirklich der Einzige — aber der aller Einzigste sind Sie, der mir eine edle Sorge um mich und die Sache zeigt! —

Mit meinem Befinden steht es unter solchen Umständen nicht am Besten: mein innerer Kummer, und meine Un= ruhe der Ungewißheit sind zu groß. Dagegen freue ich mich über das gute Gedeihen meiner Frau und Kinder in der schönen Umgebung. Doch werden wir Sorrent (welches eigentlich — nach Norden gelegen — nur Sommeraufent= halt ist) bald verlassen müssen: vermuthlich bringen wir von Mitte dieses Monates bis 2. Viertel Dezember in Rom, dann etwa 14 Tage in Florenz zu; bald werden wir wohl jeden= falls heimkehren müssen, da meine den vorigen Sommer sehr angegriffene Hauskasse (trotz Amerikaner Marsch) nicht ausreicht, um uns lange hier zu sousteniren.

Bis 10. d. M. bin ich hier; Briefe werden mir nach= geschickt.

Also! Allerherzlichsten Gruß von Wagners an Heckels

Ihr

Sorrento. sehr ergebener
Hôtel Vittoria,
3. Nov. 1876. Rich. Wagner.

Um einer Verkennung Feustels vorzubeugen, muß ich hier vor allem einschalten, daß die finanziellen Angelegenheiten Wagners wohl nie in seinem Leben besser und mit treuerer selbstloserer Hingabe besorgt wurden, als durch die Inhaber des Bankhauses Feustel.

Wenn nach den Festspielen Feustel weniger die Empfindungen berücksichtigte, die Wagner nach einem solchen für alle Zukunft bedeutungsvollen Ereigniß erfüllen mußten, sondern die geschäftliche Erledigung in den Vordergrund stellte, so wurde er hierzu durch den Ernst der Lage gedrängt, welche ein energisches Vorgehen der Gläubiger erwarten ließ.

Er theilte mir seine Befürchtungen brieflich mit und meinte, meine Auffassung der Sache könne bei Wagner nur falsche Hoffnungen wecken, denn auf Nachzahlungen der Patrone sei doch kaum zu rechnen. Es bleibe daher Pflicht der wahren Freunde Wagners, ihm den Ernst der Lage vollständig zum Bewußtsein zu bringen, wenn nicht die schlimmsten Folgen eintreten sollten.

Ich konnte mir nicht verhehlen, daß Wagners Rundschreiben, welches mir Feustel in einigen Exemplaren übersandt hatte mit der Bitte, ich solle „vorsichtigen Gebrauch“ davon machen, nur die Sache in die Oeffentlichkeit zerren würde, ohne aber bei der Ungunst der Zeiten Erfolge zu erzielen. Ich hielt es daher für meine Pflicht, Wagner nicht zu verschweigen, daß ich die Berechtigung mancher Bedenken Feustels anerkannte.

Erst durch seine Antwort erfuhr ich, wie sehr die Angelegenheit ihn erschütterte.

Lieber Freund!

Daß auch Sie es über das Herz bringen, mich und meine Lage keiner weiteren Beachtung zu würdigen, und nur in der Weise meiner anderen Freunde von jener Sache zu mir zu sprechen, thut mir sehr leid. Kein Mensch weiß Rath zu schaffen, ja selbst meine Aufforderung an die Patrone soll nur „mit Vorsicht" versandt werden, weil die Zeiten zu schlecht seien, dennoch aber sollen die Aufführungen so schnell wie möglich wieder angekündigt werden! Es ist unglaublich! Sie fragen sogar wegen der Fest=Medaille an, welche ich natürlich, als das immer sich vermehrende Defizit mir gemeldet wurde, sogleich abbestellt habe. Was man sich Alles nur von mir erwartet! — Dagegen melde ich Ihnen nun ganz bestimmt, daß ich den nächsten Sommer zur möglichen Wiederherstellung meiner Gesundheit einzig benützen werde, — wozu ich, meinen aufreibend sich steigernden Unterleibsleiden wegen, eine sehr ausgedehnte Brunnenkur in Marienbad u. s. w. zu verwenden gedenke. Befinde ich mich wiederhergestellt, so wollen wir sehen, was sich im übernächsten Jahre zu Stande bringen läßt. Wird das Defizit während dem nicht gedeckt, und zwar ohne jede weitere Bemühung meinerseits, so gedenke ich das ganze Theater irgend einem Unternehmer zu übergeben, vielleicht selbst dem Münchener Hoftheater, mich selbst aber nie weiter darum zu bekümmern.

Hier, lieber Freund, hören meine Kräfte auf. Mein bisher durchgeführtes Unternehmen war eine Frage an das deutsche Publikum: „wollt ihr?" — Nun nehme ich an, daß man nicht will, und bin demnach zu Ende. Ich bitte Sie, nach diesen Erklärungen von jetzt an die Sache einzig aufzufassen, und, wenn Sie es für gut halten, meine anderen Freunde, — — über mich, den sie nicht verstehen zu können scheinen, ebenfalls summarisch aufzuklären.

In einer der unausgesetzt schlaflosen Nächte suche ich mir einige Erleichterung zu verschaffen, indem ich mich einem wahren und gefühlvollen Freunde, für den ich Sie immer erkannte, genau und bestimmt mittheilte.

Bleiben Sie mir gut!

Florenz.   Ihr
Hotel New=York,   stets ergebener
   9. Dez. 1876.   Richard Wagner.

Ueber den Ausspruch Wagners an das Publikum nach der ersten Aufführung des Festspiels: — — „Sie haben jetzt gesehen, was wir können: wollen Sie jetzt! Und wenn Sie wollen, so haben wir eine Kunst“ haben z. B. die Zeitungen (trotz Wagners nachträglicher Commen=tirung „eine neue deutsche Kunst“) sich in der engherzigsten Weise ausgelassen, ohne zu verstehen, daß Wagners Worte zu einer nationalen Betheiligung an den „Festspielen“ aufforderten.

Das Publikum der Aufführungen war ein glänzendes gewesen, aber in seiner Gesammtheit gewiß nicht jene Theil=nehmerschaft, auf die Wagner gehofft hatte.

Ich hatte mir das nicht verhehlt und schrieb an Wagner: „Ihre Frage an das deutsche Publikum habe ich gleich in Bayreuth verstanden, mußte mir aber sagen, daß die Anwesenden leider nur zum kleinsten Theil so geartet waren, wie man es erwartete.“

Auf Friedrich Nietzsche hat diese enttäuschende Erkennt=niß der Unzulänglichkeit des Publikums bekanntlich so

erschütternd gewirkt, daß er Bayreuth noch während der
Aufführungen verließ und daran verzweifelte, daß auf
diesem Wege zu einer einheitlichen deutschen Kultur zu ge=
langen sei. —

Getreu dem Grundsatz keine leeren Vorschläge zu
machen, sondern wo es anging selbst Hand an zu legen,
schrieb ich nach Empfang von Wagners Brief vom 9. De=
zember 1876 an Herrn Hofrath von Düfflipp, den
Kabinetsekretär des Königs von Bayern, über den Stand der
Sache, um zu erfahren, ob auf eine Hilfe des Königs zu
rechnen sei. Da Wagner sich mittlerweile direkt an den
König gewandt hatte, so erhielt ich bald aus Bayreuth
die Hoffnung erweckende Nachricht, daß Herr Hofrath von
Düfflipp zu einer Unterredung mit Wagner eintreffen werde.

Das Rundschreiben an die Patrone wurde von fast
Allen nicht einmal beantwortet, und die Unterredung mit
Herrn von Düfflipp führte zunächst zu keinem Resultat.

Der König von Bayern hatte mir zu jener Zeit ge=
stattet, ihm ein eigenartiges Sammelwerk der „Alpenflora,“
das mein Vater auf seinen Reisen zusammengestellt hatte,
zu übersenden. Ich erbot mich bei Wagner, wenn er es
für zweckmäßig erachte, den Versuch zu machen beim König
Audienz zu erhalten und ihn über die mißliche Lage des
Unternehmens zu unterrichten. Wagner antwortete:

Oh! Liebster, liebster Freund!

Ja, ja! der König von Bayern!! Als ob da m i r
etwa, für Versäumnisse, nachzuhelfen wäre! — Glauben
Sie nicht, daß, wenn Jemand hier etwas vermöchte, ich
dies wäre, und denken Sie, daß ich nicht das Meinige

bis auf's Aeußerste gethan hätte? Bitte, schweigen wir hierüber! —

Das müssen Sie doch wohl ersehen haben, bester Freund, daß Alles, was ich jetzt angeregt habe, nur geschehen ist, um die Ehre meiner Unternehmung und meine Stellung zu derselben zu wahren. Glauben Sie dagegen, daß ich wirklich der Hoffnung, Etwas würde zu Stande kommen? Lernt Deutschland und das deutsche Publikum kennen! Da ist alles — alles verloren! — Glauben Sie mir!

Was wir im vorigen Jahre zu Stande gebracht, ist ein Wunder und wird es bleiben, so lange Jemand etwas davon weiß. Darüber hinaus geht es nun aber nicht mehr: Das müssen wir einsehen.

Die Aufführungen sind für dieses Jahr bereits unmöglich geworden, aus inneren und äußeren Gründen; selbst alles Geld würde jetzt nichts mehr ausrichten; namentlich sind auch die inneren Schäden groß. An eine Wiederaufnahme wäre erst zu denken, wenn mein Programm hinsichtlich eines Patronatvereines u. s. w. (aber nicht bloß auf der Basis der bisherigen Verlosungsvereine) stricte durchgeführt und verwirklicht wäre. Das Neue müßte anders aussehen als das Alte, da müßte Macht und Bewußtsein dabei sein.

Einstweilen habe ich für die Deckung des Deficits zu sorgen: ich gedenke daher in England ein paar Monate lediglich hierfür Concerte zu geben. Wenn ich davon dann heil zurückkomme, wird wohl hoffentlich Niemand mehr von mir verlangen, daß ich noch an etwas anderes denke, als mich — zu erholen und — zu vergessen! —

So weit sind wir! —

Nun, bester Freund, lassen Sie sich Se. Majestät von
Bayern aus dem Kopfe gehen und bleiben Sie gut
                    Ihrem
                stets freundschaftlich
                      ergebenen
Bayreuth,   Rich. Wagner.
11. Febr. 77.

Bereits während der Festspiele hatte der Meister mit
Hans Richter und mir seine Absicht besprochen, einen
Patronatverein zu begründen. Nur die Mitglieder
dieses Vereins sollten Zutritt zu den künftigen Festspielen
erlangen. Auf diese Weise wurde beabsichtigt, einerseits eine
finanzielle Grundlage zu schaffen, andererseits das nur aus
Neugierde oder gegnerischem Interesse in letzter Stunde sich
einfindende Publikum auszuschließen.

Im Januar 1877 forderte Wagner in einem Rund=
schreiben an die Vorstände der Wagnervereine zur Gründung
eines solchen Patronatvereins auf. In Folge dessen fand
Ostern 1877 in Leipzig eine Delegirten=Versammlung
der Wagnervereine statt.

Ich wohnte den Berathungen auf besonderen Wunsch
Wagners bei, denn es wurde von den Leipziger Einberufern
eine Verlegung der Festspiele nach Leipzig geplant. Es ge=
lang mir nach längerem Bemühen diesen Vorschlag erfolgreich
zu bekämpfen und Beschlüsse zu erzielen, über welche ich
vorher in Bayreuth mit Wagner mich besprochen hatte.

Auf meinen brieflichen Bericht über die Versammlung
antwortete Wagner nur mit wenigen aber charakteristischen
Zeilen:

Mein lieber Heckel!

Gebe Ihnen Gott langes Leben, jedenfalls noch etwas gehöriges länger als das meinige, damit nach meinem Tode doch Jemand da ist, der — an sich — einen Stamm bildet für die weitere Pflanzung!

Ich verstehe alles, sage aber wenig, wo möglich nichts mehr dazu: ich kann nicht anders als warten, bis man von Außen nachkommt, da ich denn doch bedenklich vorausgeschritten scheine!

Herzlichen Gruß!

Ihr

Bayreuth,   Rich. Wagner.
11. Apr. 1877.

Im Mai begab sich Wagner nach London, um dort die von Wilhelmi vorbereiteten Concerte zu leiten.

Es bleibt für uns Deutsche ewig eine Schande, daß Wagner hierzu genöthigt wurde, um das Deficit seines nationalen Unternehmens zu decken.

Durch das Ergebniß der Londoner Concerte und durch anderweitig zur Verfügung gestellte Beiträge, wie Hans von Bülow's Einnahmen in Concerten zum Besten Bayreuths, gelang es zunächst die dringendsten Schulden zu begleichen.

Ein schönes Beispiel von Opferwilligkeit gab Glasenapp, der das Honorar für seine verdienstvolle Wagnerbiographie, mir für den erwähnten Zweck überweisen ließ, sowie ein Herr Adolf Schmidt in Viersen, der sich an die Spitze einer Subscriptionsliste der Patrone stellte.

Doch konnten die Hauptforderungen erst durch die Hilfe des Königs von Bayern bezahlt werden. Der Vor=

schuß, den die Kgl. Kabinetskasse zur Ermöglichung der
Aufführungen geleistet hatte, war aus dem Erträgniß der
Patronatscheine zurückbezahlt worden. Zur Deckung des
Deficits der Festspiele wurde nunmehr durch Vermittelung
des Bankhauses Feustel von einer auswärtigen Bank unter
Garantie der Kgl. Kabinetskasse eine Summe erhoben, zu
deren allmäligen Deckung die Tantièmen dienten, welche
das Münchener Hoftheater an Wagner zu entrichten hatte.

*　　*　　*

Wagner hielt sich nach seiner Rückkehr von London
in Ems auf und vollendete dort die Dichtung zu „Parsifal."
Er sah zu jener Zeit in Folge der mißlichen Erfahrungen
und der Mühsale der Concerte recht leidend aus. Das ist
auch auf den in England aufgenommenen Photographien,
die ich durch Frau Wagners Freundlichkeit erhielt, ersichtlich.

Ich besuchte Wagner in Ems am 22. Juni 1877.
Bei meiner Ankunft beklagte er sich offen, daß er nun wieder
an die mißliche finanzielle Lage des Unternehmens erinnert
werde und darüber sprechen müsse. Erst als er seinem Aerger
Luft gemacht hatte, äußerte er seine Freude über meinen
Besuch. Der Meister lebte in Ems sehr zurückgezogen. Auf
der Promenade sagte er, als wir einen kleinen Herrn auf
uns zukommen sahen: „Nun werde ich Sie mit meiner
einzigen Gesellschaft in Ems bekannt machen." Es war
Windhorst.

Im Juli traf ich mit Wagner in Heidelberg zusammen.
Ich empfing ihn bei seiner Ankunft von Ems auf dem
Bahnhof. Seine Gesundheit hatte sich wieder gekräftigt. Er

war meist in bester Stimmung. Als ein Heidelberger Ge=
sangverein ihm unter Langers Leitung ein Ständchen
brachte, dankte er, indem er das „Gaudeamus" anstimmte.
Die Abende brachte ich meistens bei Wagner im Schloß=
hotel zu, kehrte jedoch jeweils wieder nach dem benachbarten
Mannheim zurück.

Am 7. Juli telegraphirte mir Wagner:

Bitte mit Zeroni morgen 1 Uhr bei uns zu speisen.
Abends Vorlesung des Parsifal, wozu auch der Pfarrer
einzuladen.

Wagner.

Außer Zeroni, mir und dem altkatholischen Pfarrer
Friedrich Bauer aus Mannheim, einem begeisterten
Verehrer des Meisters, traf noch Richard Pohl aus
Baden ein.

Wir waren die Ersten die Wagners Dichtung zu
„Parsifal" kennen lernten. Mit welchem Ausdruck und
tiefem Empfinden der Meister uns seine Dichtung vorlas,
läßt sich nicht beschreiben. Er selbst war so ergriffen, daß
er sich nach der Vorlesung einige Zeit zurückzog und uns
allein ließ. Aber auch wir verharrten in Schweigen, und
es dauerte lange, bis wir uns wieder auf der buckeligen
Erde wußten.

Beim Abendbrot brachte Wagner einen Toast auf mich
aus, den er mit den Worten schloß:

> „Die Seele schwingt sich in die Höh:
> Der Heckel kommt in's Comité!"

Hotelier Albert hatte ihm verrathen, daß die Absicht
bestehe, mich in das Comité des Mannheimer Hoftheaters
zu wählen.

Am 13. Juli erfreute mich Wagner durch seinen Besuch in Mannheim.

Im September lud er mich zu der „Delegirtenversammlung" nach Bayreuth ein. Er schrieb unter Beziehung auf die mittlerweile von mir angetretene Stellung eines Comité-Präsidenten des Mannheimer Hoftheaters:

Lieber Freund!
Großer Theater = Director!

Es fällt mir ein, daß Sie verwundert sein könnten, meine Einladung zu einer Zusammenkunft meiner Patrone nicht zu allererst an Sie gerichtet zu haben. —

Hoffentlich verstehen Sie es, wie mich meine Rücksichtnahme auf Ihre jetzt so sehr schwierige Stellung in Mannheim einzig hierzu bestimmt hat. Ich werde es sogar begreifen, wenn Sie gar nicht nach Bayreuth kommen, weil Niemand besser, als ich, es beurtheilen kann, welche Last Sie sich mit dem Mannheimer Theater auf den Hals geladen haben! Kommen Sie aber dennoch nach Bayreuth, so bleiben Sie wohl dessen versichert, daß ich Niemand hier willkommener heißen werde, als — meinen theuren, guten Freund Heckel!

Schönste Grüße

von
Ihrem ergebenen
Bayreuth,   Richard Wagner.
9. Sept. 77.

Ich wohnte den 15. und 16. September in Bayreuth den Versammlungen bei.

Es erfolgte nunmehr die definitive Gründung des „Patronatvereins." Dieser sollte auch Theilhaber der „Stilbildungsschule" sein, deren Leitung Wagner über= nehmen wollte.

Eine hierauf bezügliche Mittheilung Wagners, deren Manuscript ich besitze, gelangte damals nicht zur Veröffent= lichung.*)

Wagner verband mit dieser Schule, wie sich von selbst versteht, keine schulmeisterlichen Absichten, etwa in der Art unserer Conservatorien, (von denen er zu fragen pflegte: „Was conserviren sie denn eigentlich?") nein er erwartete, daß genügend vorgebildete k ü n s t l e r i s c h e I n d i v i d u a l i = t ä t e n sich melden würden, die er dann in den Stil seiner Werke eingeführt hätte.

Die Gegnerschaft war aber allenthalben noch immer so groß und mächtig, daß nur Ferd. Jäger sich zu melden wagte.

Als Wagner die „Bayreuther Blätter" begründete und Hans von Wolzogen ihre Leitung übertrug, be= stimmte er dieselben absichtlich nicht für die breite Oeffent= lichkeit, sondern für den engen Kreis seiner Freunde. Ihnen allein sollten auf diesem Wege theoretische Mittheilungen über seine Kunstziele zugehen. Die Verbindung, welche die Freunde seiner Kunst vereinigte, sollte „in möglichst er= sprießlicher Weise erhalten und sinnvoll befestigt werden."

*   *
*

---

*) Abgedruckt bei Karl Heckel: Die Bühnenfestspiele in Bayreuth Seite 57 und 58.

Im Sommer 1877 hatte ich die Stellung eines Comité-Präsidenten am Mannheimer Hoftheater mit der festen Absicht übernommen, an demselben umgestaltend im Sinne Wagners zu wirken.

Die glänzende Tradition der Mannheimer Bühne, die Unabhängigkeit seiner Verwalter und der Umstand, daß die Aufführungen gründlich vorbereitet werden konnten, da — im Gegensatz zu den Großstädten — nur viermal in der Woche gespielt wurde: ließen mich schaffensfreudig und mit besten Hoffnungen meine Aufgabe angreifen.

Anton Seidl, der sich in Bayreuth gemeinsam mit Franz Fischer als musikalischer Assistent bei den Festspielen bewährt hatte, meldete sich für den frei werdenden Posten des Kapellmeisters, trat aber wieder von seiner Bewerbung zurück, da er sich noch nicht erfahren genug erachtete.

Lieber Freund!

Seidl theilt mir mit, daß er auf seine Bewerbung in Mannheim verzichte.

Er thut gut daran, und mir fällt ein Stein vom Herzen, denn — er ist begabt, hat aber gar keine Erfahrung. —

Nun aber empfehle ich Ihnen desto kräftiger Fischer. Dieser ist, nachdem man mir versicherte ihn als Musikdirektor anstellen zu wollen, nur als Chorrepetitor placirt worden, was mich beleidigt hat! Fischer ist durchaus erfahren, Repertoire kundig, und ein durch und durch zuverlässiger Mensch. Ich stehe für ihn ein! — Bitte, melden Sie ihm diese meine Empfehlung, und — tragen Sie ihm die, mit Langer zu theilende — Musikdirektionstelle an.

Er heißt: Franz Fischer; seine nähere Adresse weiß ich nicht; Hôtel Vier Jahreszeiten (seine Verwandten) besorgen sie aber.

Schönsten und herzlichsten Gruß von
Ihrem
ergebenen
Bayreuth,   Richard Wagner.
1. Okt. 77.

Mittlerweile hatte Hans Richter meinen Vorschlag in Erwägung gezogen, die Kapellmeisterstellung an der Mannheimer Bühne zu übernehmen, da sie unbeeinflußt von großstädtischen Rücksichten ein künstlerisches Arbeiten gestattete.

In Folge meiner Mittheilungen hierüber telegraphirte mir Wagner:

Richter? Gut! Jedenfalls Fischer gutes Anerbieten stellen. Für diesen bürge ich.
Parsifal.

Ich besuchte bald darauf Wagner in Bayreuth. Mit Beziehung auf den Schlendrian, welcher an den meisten Bühnen herrscht, empfahl er mir ausdrücklich, doch ja danach zu streben, daß ich jeder Zeit Recht und Macht besäße, eine Aufführung noch nach der Hauptprobe abzusetzen, wenn sie sich als ungenügend vorbereitet erwiese.

Da Richter in Wien verblieb, wurde Fischer angestellt, und ich konnte nach verschiedenen Vorbereitungen und Veränderungen mich an Wagner wegen der Aufführung des „Ring des Nibelungen" wenden.

9

Geehrtester Freund!

Ihre, als Präsident des großherzoglichen Hoftheater-Comité in Mannheim, an mich freundlichst gerichtete Anfrage wegen der Erwerbung des Aufführungsrechtes sämmtlicher Theile meines Bühnenfestspieles „der Ring des Nibelungen" ermächtigt mich, Ihnen die Bedingungen anzugeben, unter welchen ich bisher und in Zukunft jenes Aufführungsrecht ertheile.

1. Vorführung der einzelnen Theile nach auf einander folgender Reihe. (Leipzig und Braunschweig beginnen mit „Rheingold" und „Walküre" in 2 auf einander folgenden Abenden.)

2. Zehn Prozent von der Brutto-Einnahme (mit Einrechnung der Abonnements-Quote) jedes Abends der Aufführung eines der Stücke, bis zum Erlöschen des Autoren-Eigenthumsrechtes, d. h. 30 Jahre nach meinem Tode.

3. Zusicherung der reihenfolgerechten Aufführung sämmtlicher Theile durch einen Vorschuß von 10,000 Mark, welcher, bis zu seiner Tilgung, von der Hälfte jeder Tantième, also 5% jeder Einnahme zurückgezahlt werden soll. Dieser Vorschuß soll zur Hälfte sofort bei Auswechselung der Vertragsschriften, mit 5000 M. an mich ausgezahlt werden, wogegen die andere Hälfte, mit gleichfalls 5000 M. am 1. Januar des nächsten Jahres 1879 an mich abgeführt werden wird.

Dies sind die gleichen Bedingungen, unter welchen ich dem Leipziger Stadttheater das in Rede stehende Aufführungsrecht ertheilt habe, wogegen Hamburg einen

Vorschuß von 16,000 M. — Wien 20,000 M. zahlen mußte.

Mit größter Freundschaft und Hochachtung

Ihr

ergebener

Bayreuth,   Richard Wagner.
14. März, 1878.

P. S.   Zu Ihrem Vortheil führe ich an, daß das Mannheimer Hoftheater vermuthlich — zum Mindesten am Niederrhein — das einzige Theater sein wird, welches der nachbarlichen Bevölkerung Aufführung meines Werkes bieten kann.   R. W.

Durch Erfüllung dieser Bedingungen hätte ich meine Machtbefugnisse überschritten, da ich mich an das vom Bürgerausschuß festgestellte Jahresbudget zu halten hatte und diesem nicht durch Gewährung des verlangten Vorschusses vorgreifen konnte. Der Briefwechsel über die Angelegenheit führte zu einigen Mißverständnissen, was jedoch Wagner nicht abhielt, mir persönlich einen Beweis seines unbegrenzten Vertrauens zu geben.

Lieber Freund Heckel!

Hiermit überlasse ich Ihnen, für so lange als Sie in der unglückseligen Stellung eines Präsidenten des großherzoglichen Theatercomité's in Mannheim sind, jeden Theil meines „Ring des Nibelungen" zu beliebigen Aufführungen ganz umsonst. —

Dem Mannheimer Theater, welches auf einer gewissen Liste*) bei mir steht, schenke ich nicht einen Heller. —
Dieß der volle Ernst
Ihres
alten Freundes
Bayreuth,   Richard Wagner.
17. März, 1878.

Da ich nicht Director des Mannheimer Theaters war, sondern in meiner Ehrenstellung als Comité-Präsident nur die Interessen des Theaters, nicht meine eigenen, in Betracht zu ziehen hatte, so wurde die Frage weder durch obigen, noch durch den nachfolgenden Brief endgiltig gelöst.

Bester Freund!

Sie sind im Irrthum. Niemals und auch in Heidelberg nicht, habe ich mich über Ihren Entschluß, die Präsidentschaft des Mannheimer Theatercomité's anzutreten, gefreut, und entsinnen sich die Anwesenden meiner Familie sehr genau, daß die von Ihnen mir angeführten Aussprüche vom Hôtelier Albert, nicht aber von mir gethan wurden. Da ich an Ihnen jedoch ersah, daß Ihr Local-Triumph Ihnen schmeichelte, habe ich, eben über diesen

*) Eine Reihe von Bühnen, unter ihnen auch das Mannheimer Hoftheater, zahlten für die früheren Werke Wagners keine Tantièmen, da sie sich beim Ankauf hierzu nicht vertragsmäßig verpflichtet hatten. Erst in späteren Jahren kam mit diesen Bühnen nachträglich eine Vereinbarung zu Stande, welche die Auszahlung von Tantièmen für sämmtliche Werke bestimmt.

Triumph für Sie, mich am Ende auch gefreut. Dagegen ich bedauern mußte, daß Sie meine ernsten Bedenken — welche ich namentlich auch Zeroni mittheilte — wenig beachteten. Ich entsinne mich nur erklärt zu haben, daß, wenn man mich wählte, ich nicht wissen würde, was ich anfangen sollte, um — namentlich eine Theaterverwaltung, welche mir aus Gründen eines starken Defizits zufiele, — mit einigem Geschicke zu übernehmen. Allein, Sie hatten Vertrauen in sich — und — so schwieg ich. —

Dies ist die Wahrheit, was das Eine betrifft. —

Das Andre bezieht sich auf die Erwerbung des Aufführungsrechtes für meine Nibelungen. Sie fragen bei mir „als Präsident des großherzogl. Theatercomité" an. Als solchem stellte ich Ihnen meine Forderung. Sie vermeldeten hierüber meiner Frau, daß der Mannheimer Stadtrath Sie fortjagen würde, wenn sie ihm meine Forderungen nur mittheilten. — Aufrichtig gesagt, lieber Heckel, i ch hätte mich mit Vergnügen fortjagen lassen. Doch sieht das bei Ihnen gewiß wohl anders aus. Ihre Lage kam mir — verzeihen Sie! — nicht beneidenswerth vor. Glauben Sie nun, daß die Erwerbung der Nibelungen für Sie eine absolute Nothwendigkeit des Bestehens ist (immerhin viel Ehre für mich!) so opfere ich sie gern I h r e m p e r s ö n l i c h e n Bestehen in Ihrer Stellung, solange Sie diese für erhaltungswerth ansehen.

Somit erneuere ich mein zuletzt an Sie gerichtetes Wort: Machen Sie mit meinen Nibelungen-Partituren in Mannheim, was Sie wollen; geben Sie Conzerte oder Theateraufführungen. Aber nur Sie, solange Sie dabei sind. Möge Sie diese Erklärung dazu stärken, dem

Mannheimer Magiſtrat ohne Beſorgniß Ihre Eröffnungen zu machen. Jede Transaction weiſe ich zurück! —

Gott behüte Sie, lieber alter Freund!

Ihr ſtets

ergebener

Bayreuth,   Richard Wagner.
21. März, 1878.

Und nun — kein Wort mehr über dieſe Sache!!

Ich reiſte nunmehr perſönlich nach Bayreuth und erzielte ſehr bald eine Verſtändigung, da ich mich von der Unzuläſſigkeit meiner urſprünglichen Abſicht, nach dem Beiſpiel Schwerins, „die Walküre“ zuerſt aufzuführen, überzeugt hatte, und andererſeits Wagner mir bei allen Punkten, welche keine Preisgebung künſtleriſcher Principien forderten, entgegenkam.

Für die techniſche Einrichtung in Mannheim gelang es, in Fritz Brandt eine außerordentliche Kraft zu gewinnen, und da auch Hofrath Werther in ſeiner Stellung als Oberregiſſeur dem Werke Verſtändniß und warmes Intereſſe entgegenbrachte, ſo ſchritten die Vorbereitungen raſch vorwärts.

Im Namen des Theater-Comités lud ich Wagner ein, den Aufführungen beizuwohnen.

Mein geehrteſter alter Freund!

Wie konnten Sie mich mehr erfreuen, als durch die guten Nachrichten über den erſprießlichen Fortgang der Vorbereitungen zu den Mannheimer Aufführungen des

Nibelungenrings! Betrachtet man diesen Stand der Dinge näher, so möchte alles wirklich wie Wunder erscheinen! Das Schicksal hat mit meinem Werke s e i n e Wege eingeschlagen: da es nicht die von mir ursprünglich in das Auge gefaßten sind, geziemt es mir ruhig und enthaltsam zuzusehen, was auf diese Weise aus der Sache wird. Das ist denn auch mein Standpunkt: ich sehe aus der Ferne zu, freue mich über gute Erfolge und verwundere mich nicht über schlechte. Aber — dabei sein kann ich nirgends mehr. Wenn Sie je erfahren, daß ich irgendwo einer Aufführung eines Theiles jenes Werkes beigewohnt, so mögen Sie mich des Freundesverrathes anklagen: es wird nie dazu kommen! —

Somit, meinen herzlichsten Dank für die freundliche Einladung nach Mannheim, welchen ich Sie ersuche auch den geehrten Herren des großherzoglichen Theatercomitee gütigst vermitteln zu wollen.

Stets bin ich, voll der besten Erinnerungen, Ihres warmen Eifer's für mein Werk und seine Durchführung dankbar eingedenk, und verbleibe

Ihr

treulichst ergebener

Bayreuth,   Richard Wagner.
23. März 1879.

Die Aufführungen von „Rheingold" und „Walküre" fanden erstmals Ostern 1879 und zwar, im Gegensatz zu den meisten anderen Bühnen, von Anfang an ohne irgendwelche Kürzung und ausschließlich mit e i g e n e n Kräften statt, unter denen besonders Plank als Wotan sich seinen künstlerischen Ruf begründete. Der Erfolg war ein ganz außerordentlicher.

Ich hatte Wagner gebeten „in Gedanken bei mir zu sein, wie ich bei ihm sein würde." Er sandte mir zwei telegraphische Grüße, denen sich ein herzlichst anerkennender Brief anschloß.

Glückwunsch und herzlichen Gruß allen Freunden und Genossen der Mannheimer-Nibelungentage!

Richard Wagner.

So lohnt sich alle Tugend! Heckel heraus! Fischer Tusch! Was will man mehr? O Albert! Herzlich erfreut
Ihr   R. W.

Mein lieber Freund Heckel!

Endlich komme ich dazu, Ihnen meinen Glückwunsch zu Ihren schönen Erfolgen, sowie meine eigene herzliche Freude über das Gelingen Ihrer Aufführungen auszudrücken. Ich war bisher von meiner letzten Arbeit an der Composition des Parsifal nicht abzubringen: Diese ist nun vollendet und Sie sind der Erste an den ich mich nun wieder nach Außen wende.

Sie haben da in Ihrem Mannheim ein sehr lehrreiches Beispiel gegeben davon, was ein tüchtiger Wille kann. Da ich die Wiederholung der Aufführungen in Bayreuth aufgeben mußte, kann nun, wenn das Werk und seine Bestimmung nicht ganz verloren und vergessen werden sollte, nur durch möglichst sorgfältige Reproduktionen auf unseren gebräuchlichen Publikum-Theatern gezeigt werden, welche Lebenskraft mein Werk mindestens zu bewähren vermöge. Daß Sie mit Bangen an Ihre frei gewählte Aufgabe gingen, indem Sie sorgenvoll den Umfang der Mittel Ihres Theaters mit denen allergrößter Oberhof= theater verglichen, dies bestätigte Sie in meiner Maxime vorwärts zu gehen, nämlich die Sache beim Geiste zu er= fassen: ein genau eingeweihter, dazu tüchtiger, energischer und — vor Allem — überzeugter Dirigent, ein solcher giebt mir Gewähr für Alles. So sehr mich das laute Lob Fischer's freute, hat mich's doch nicht im Mindesten überrascht: ich wußte was er leisten würde. Nun war es ein großes Glück, daß ich, nachdem ich einige tüchtige und kenntnißvolle Dirigenten mir gewonnen hatte, endlich auch einmal einen Theaterdirektor fand, der einen derselben zum Amte berief. Bisher waren meine Empfehlungen den Empfohlenen stets nachtheilig: unsren Herren Oberhof= intendanten u. s. w. ist nichts verhaßter, als ein so= genannter „Wagnerianer" denn da heißt es: „Hilf Himmel! Da bekäme ich einen Menschen, der eine Masse Proben fordert, namentlich wenn es schlecht geht; der auch nichts streichen will, trotzdem sich doch Alles viel besser macht, wenn es recht unverständlich wird? Nichts da! Ich helfe mir am Besten mit servilen Stümpern!" Nun diesmal war es in Mannheim besser; ich hoffe, es soll auch den Leipziger Aufführungen noch wohl thun, daß auch die dortige Direktion einen meiner Empfohlenen, den Genossen Fischer's bei den Bayreuther Aufführungen, willig berufen hat. — Dazu unseren jungen Brandt! da war etwas zu erhoffen und anzunehmen, daß vollends die ganze Regie, der ich ja auch zu Dank verpflichtet bin, zum Rechten und Richtigen fort= gerissen wurde. Unter solchen Umständen leisten Darsteller und Musiker Wunder. Ich hab's erfahren. Aber — das

Hauptwunder ist doch, — Heckel als Theaterdirektor! Glück auf! Jetzt verstehe ich das Schicksal, und grüße Sie — in seinem Schutze — von ganzem Herzen!

Ihr getreuer

Bayreuth,   Richard Wagner.
28. April 1879.

Anfang Mai konnte ich Wagner benachrichtigen, daß die dritte Aufführung besonders gut ausgefallen war, und daß mich der Großherzog von Baden für die ganze Dauer der Aufführung an seine Seite befohlen hatte.

Auch folgende kleine Episode theilte ich dem Meister mit.

Beim Eintritt in's Theater begrüßte mich ein Bauersmann aus der Pfalz und rief einem kleinen Knaben mit Blumen zu: „da ist der Wagner, gib deinem Pathen den Strauß." Nachdem ich den Mann über seinen Irrthum belehrt hatte, ließ er den Knaben seinen Namen nennen: „Richard Wagner." Er erzählte mir dann, daß Wagner die Pathenschaft übernommen habe, und daß er hierher gekommen sei, um ihn zu begrüßen. Ich ließ Vater und Sohn Eintrittskarten geben und theilte dem Meister scherzhaft mit, daß nun doch ein Richard Wagner der Aufführung beigewohnt habe.

Von verschiedenen Seiten erhielt Wagner günstige Berichte, über die Mannheimer Aufführungen. Feustel schrieb mir: „Ueber Mannheim hat Wagner eine sehr große Befriedigung."

Er stellte daher bei einer persönlichen Unterredung mit Fischer doch noch sein Kommen zu einer der nächsten Aufführungen in Aussicht, schrieb mir aber bald darauf:

Liebster Freund!

Ob ich Ende d. M. zu Ihnen kommen kann, wird immer zweifelhafter; gerade für diese Zeit melden sich alle diesmaligen Jahresbesuche — z. B. — Liszt bei uns an; auch stehe ich im Beginn einer Brunnenkur, die sich sehr hinausziehen dürfte, da die Witterung für jetzt sie gar nicht begünstigt. Ich glaube nicht vor Mitte August hier fortzukommen, gedenke aber dann bis etwa zur Wieder-Eröffnung Ihrer Vorstellungen auszubleiben — etwa in der Schweiz, von wo aus ich dann zu Ihnen kommen würde. Gut wäre es, wenn nicht immer sogleich so viel von so etwas in die Zeitungen käme! —

Immer bleibe ich dabei, daß das Glücken Ihrer Unternehmung in Mannheim mir ganz besondere Freude macht. Seien Sie dessen versichert!

Für jetzt fühle ich mich sehr angegriffen und bedarf großer Schonung.

Also, zweifeln Sie nicht an mir, und bleiben Sie immer gut

Ihrem

alten guten

Bayreuth,   Richard Wagner.
3. Juli 1879.

P. S. Fischer richtete mir bei seinem (für mich sehr erfreulichen) Besuche etwas von Ihnen wegen der Tantième-Zahlungen aus. Ich stelle es Ihnen frei, mir die vorläufigen 5% für jetzt zu zahlen oder nicht. Jedoch — können Sie, so ist es mir recht, wenn Sie den Betrag derselben bis Ende Juni (1. Halbjahr) jetzt schicken — ich hab' eben starke Ausgaben! —   R. W.

Im August wohnte ich in München Aufführungen von „Siegfried‘, und „Götterdämmerung“ bei, die neben Hervorragendem auch viele opernhafte Stillosigkeiten in der Wiedergabe aufwiesen. Ich theilte Wagner die empfangenen Eindrücke ausführlich mit.

Lieber Freund und Genosse!

Wenn Sie etwas Geld für mich haben, so thun Sie mir einen Gefallen, wenn Sie es mir schicken. Das III. Quartal ist für einen Komponisten immer schlecht!

Ihr Brief über die Münchener Aufführungen ist mir zu Herzen gegangen: meinem König habe ich viel davon erzählt, auch von Ihnen! —

Nun! gebe der grundgütige Himmel zu allem Weiteren seinen Segen! Frau Heckel und die Fischerei sind — mit Ihnen — herzlich gegrüßt von

Ihrem
ganz besonders ergebenen
Rich. Wagner.

Bayreuth (nirgend anders!)
17. Oft. 79.

Die Tantième-Verrechnung des Mannheimer Theaters erfolgte stets über mehrere Aufführungen zugleich, was hierauf bezügliche Anfragen Wagners veranlaßte.

Lieber alter Freund!

Sie müssen doch in letzter Zeit wieder etwas Geld für mich gesammelt haben; nun weiß ich nicht ob ich Ihnen schon darüber schrieb, daß ich Sie zu ersuchen hätte, die

Geldsendung an Feustel nach Bayreuth, die zu unter
zeichnende Quittung aber an mich, nach „Neapel, Posilipo=
Villa Angri" besorgen lassen zu wollen?

Ich erfahre gar nichts von Ihnen, selbst — und
leider — auf dem bezeichneten geschäftlichen Wege auch nicht.
Bin ich denn für ganz Germanien schon todt, oder sind Sie
durch die theatralische Kunst todt?

Im Uebrigen ergeht es mir nicht ganz nach Verdienst:
wir wollen sehen ob dieß durch Sie besser wird.

Schönste Grüße von Villa zu Haus! Bleiben Sie gut
Ihrem
grundergebenen
Neapel,   Rich. Wagner.
26. März 1880.

Die frühzeitigen Aufführungen von „Rheingold" und
„Walküre", welche stets viele fremde Besucher aus Nah und
Fern aufwiesen, hatten dem Mannheimer Hoftheater von
neuem nach Richard Pohl's Worten „eine rühmliche Aus=
nahmestellung" erworben, der auch auf dem Gebiete des
Schauspiels außergewöhnliche Leistungen, vollständige Auf=
führungen beider Teile des „Faust", wie einer Iphigenien=
Trilogie (Euripides=Sophokles=Goethe), zweier Shakespeare=
Cyclen (Historien und Lustspiele) und erste Darstellungen
hervorragender neuer Werke entsprachen. Nunmehr sollte
„Siegfried" und die „Götterdämmerung" vorbereitet werden.

Hiefür zeigten sich größere Ausgaben erforderlich, als
der regelmäßige Zuschuß der Stadt vorsah. Da jedoch die
Bewilligung über das gewohnte Maß hinausgehender Mittel
bei der Budgetaufstellung von der Stadt versagt wurde,
legte ich mein Amt nieder.

Auf eine hierauf bezügliche Mitteilung an den Meister übermittelte mir Frau Wagner die schönsten Grüße des Meisters aus Neapel und schrieb unter anderem:

„Sie dürfen auf einen Lebensabschnitt mit Stolz zu= rückblicken, und kehren an Erfahrung reicher in Ihre frühere Thätigkeit nun zurück. Sie haben unter den vielleicht ungünstigsten Umständen eine wirkliche That wie die der Nibelungen=Aufführungen in der so kurz bemessenen Zeit Ihrer Wirksamkeit zu bezeichnen und haben einem tüchtigen Menschen wie Fischer nicht nur zu einer Stellung, sondern, was bei weitem wichtiger ist, zur freien Entwickelung seiner Gaben verholfen. Das ist viel, und was nicht weniger ist, daß Sie im Augenblick zurücktreten, wo Ihnen die Eng= herzigkeit und Kurzsichtigkeit der Menschen es versagt, weiter der Kunst förderlich zu sein. Das ist würdig und gerecht; und wenn wir vor drei Jahren in Ihrer Wahl einen Sieg unserer Sache erkennen konnten, so dürfen wir in Ihrem Zurücktreten einen Sieg Ihrer Selbst begrüßen über alles Trügerische, was sich andere gewiß vorhalten würden, um an dem Posten zu bleiben.“

Anläßlich einer Versammlung der Patrone in Wiesbaden hatte sich ein „Executiv=Comité“ (Friedrich Schön, Emil Heckel, Richard Pohl) gebildet, das in erster Linie die Betheiligung der deutschen Fürsten bei dem Unternehmen zu erwirken hoffte, und durch eine Eingabe an den König von Bayern jedenfalls mittelbar Wagners eigene Bemüh= ungen unterstützte.

In einem an Friedr. Schön, als dem Vorsitzenden des Comités, gerichteten Brief schrieb der Meister am 28. Juni 1880 aus Neapel:

Mein hochverehrtester Freund!

Wie sehr muß ich bedauern, aus Ihren Briefen an meine liebe Frau zu ersehen, daß Sie über mich in einige Ungewißheit versetzt sind. Worin eine Autorisation für Ihre Agitation zu Gunsten der Bayreuther Idee bestehen sollte, wünschte ich gern durch ein mir vorzulegendes Schema zu erfahren um das Gewünschte sofort gern zu leisten. Nur bitte ich Sie, im Betreff des Ausführungs= planes meiner Erfahrung, sowohl über die deutsche Welt als mich selbst, einige Rechnung zu tragen. Hier wünschte ich denn, daß Sie meinen im September 1877 vorgelegten Entwurf nicht allzusehr mehr in den Vordergrund stellten, da alle seitdem gewonnene Erfahrung mir gezeigt hat, daß ich damals — ich gestehe, nicht ganz ohne Bewußtsein — die Rechnung ohne den Wirth machte. Ziehe ich dagegen die seit Ihrem Eintreten mir und allen unseren Freunden erweckten Hoffnungen in Betracht, so ersehe ich keine andere Möglichkeit Ihren Wünschen endlich entgegen zu kommen, als daß ich das — wie Sie meinen — nach den Bühnen= festspielen von 1876 noch nicht erweckte Interesse durch eine, sobald wie möglich zu bewerkstelligende Aufführung des „Parsifal" von Neuem anzuregen versuche. Dieser Vorsatz dünkt mich im Jahre 1882 ausführbar, sobald ich bis dahin in vollster Ruhe dafür erhalten werde; dies aber selbst — im Betreff der äußeren Möglichkeit — nur dann, wenn ich die Hilfe des Königs von Bayern hierfür in Anspruch nehme. — — —

Unter solchen gesicherten Umständen gedenke ich nach dem „Parsifal" alljährlich eines meiner älteren Werke — somit alle der Reihe nach — in musterhaften Aufführungen

als mein künstlerisches Testament meinen Freunden vor=
zuführen. Da ich heute in meinem 68. Jahre stehe, habe
ich ein hohes und rüstiges Alter meiner Seits für die
Ausführung dieses Planes in Berechnung zu ziehen und
gedenke mit dieser Ausführung dann genug gethan zu haben,
somit auch der Aufführungen von „Zauberflöte" „Frei=
schütz" „Fidelio" u. s. w. enthoben zu sein. Alles was
ich hierauf bezüglich lehren und mittheilen kann, thue ich
sehr gern unter der Hand, — man braucht mich nur in
Bayreuth zu besuchen. Hinterlasse ich mit jenen Auf=
führungen meiner Werke nicht meine „Schule", so habe ich
überhaupt mit einer „Schule" nichts zu thun." — — —

Der König von Bayern verfügte, daß das Orchester
des Münchener Hoftheaters mit Kapellmeister Levi an der
Spitze, während zweier Sommermonate Wagner zur Auf=
führung des „Parsifal" in Bayreuth zur Verfügung stehe.

Im November 1880 begrüßte ich mit Richard Pohl
den Meister auf seiner Rückreise von Italien in München,
wo Lenbach und Gedon ihm zu Ehren eine große Fest=
lichkeit veranstalteten.

Pohl und ich waren als Vertreter des Executiv=Comités
nach München gereist, um mit Wagner die nächsten Ent=
scheidungen zu berathen.

Nach dieser Besprechung konnten nunmehr in Wagners
„Mittheilung an die geehrten Patrone der Bühnenfestspiele
in Bayreuth" die Aufführungen für 1882 in sichere Aussicht
gestellt werden. Doch war die Zahl der Patrone zu gering,
um für sie allein die Festspiele zu veranstalten, wie es
Wagners Absicht gewesen war; die Aufführungen mußten
wieder als „öffentliche" angekündigt werden.

Im Januar war abermals eine Zusammenkunft in Bayreuth erforderlich. Wagner wünschte, daß der durch den Patronatverein angesammelte unantastbare Grundstock (der sogenannte „eiserne Fond"), wenn nöthig, zur Verwendung kommen solle. Der Verwaltungsrath hielt dies nicht für zulässig. Ich sagte daher zu Wagner, daß wir bei dieser Verwendung wohl auf Schwierigkeiten stoßen würden. Der Meister sprang erregt auf, und nun mußte auch ich einmal einen „Sturm" über mich ergehen lassen, wie ich ihn besonders vor den ersten Festspielen als Zeuge manchmal miterlebt hatte.

Es entsprach durchaus Wagners rückhaltslos offener Natur und seiner bewunderungswürdigen Wahrhaftigkeit, daß er seiner Erregung und seinem Zorn im entscheidenden Augenblick unbehindert das Wort ließ. Dann kam aller verhaltene Schmerz und Groll früherer Erfahrungen explosiv mit elementarer Gewalt zum Durchbruch.

So erinnere ich mich, daß er gegenüber einer schlecht angebrachten Bemerkung über seine Auffassung von Beethovens Neunter Symphonie sich auf das heftigste ausließ, bis der Betreffende weinend auf seinem Stuhl zusammensank. Nun allerdings trat Wagner auf ihn zu und reichte ihm die Hand: „Machen Sie doch keine solche Bemerkungen und jetzt kein ernstes Wort mehr."

„Und jetzt kein ernstes Wort mehr!" Diesen Satz habe ich oft aus seinem Mund gehört. Er beruhigte sich selbst damit nach heftigen Auseinandersetzungen, oder er beugte damit nach ergreifenden künstlerischen Eindrücken jeder Ueberschwänglichkeit vor und schnitt Gespräche über die empfangenen Eindrücke damit ab.

Im Allgemeinen liebte er es nicht, allein das Wort zu

führen und beendete oft eine längere Mittheilung plötzlich mit der Bemerkung: „Nun habe ich aber lange genug geredet, jetzt redet ihr einmal."

Noch eine andere heftige Auslassung Wagners haftet mir im Gedächtniß. Durch Bevorzugung anderer Bestellungen war die rechtzeitige Ausführung bestimmter Aufträge für das Festspielhaus versäumt worden und eine gefährliche Verzögerung entstanden.

Die ganze Empörung über die Nichtachtung, welche der deutschen Kunst aus servilen Rücksichten oder gegenüber dilettantischen Liebhabereien so oft zu Theil wird, kam damals bei Wagner zum Ausbruch. Doch trug er auch in diesem Falle dem Betroffenen, der durch Wagners Energie wie vernichtet dastand, nicht das Geringste nach.

Nach solchen Erfahrungen erwartete ich für mich nichts Gutes, als ich Wagner bei meiner Bemerkung gegen die Verwendung des Grundstocks aufspringen sah. Er rief: Was, Heckel, Sie sprechen mir von „Schwierigkeiten." Gerade von Ihnen hätte ich das zuletzt erwartet! Er erinnerte sich jetzt aller Hindernisse, die ihm und seinem Unternehmen schon in den Weg gelegt worden waren. Er sah mich fest an und sagte: „Wie konnten gerade Sie bei mir diese Erinnerungen wachrufen mit dem unglückseligen Wort!" Ich suchte ihn zu beruhigen. Vergeblich! Alles Unangenehme, das ihm je auf ähnliche Weise bereitet worden war, fiel ihm ein und er sprach es gleichsam als Vorwurf in heftiger Erregung aus. Vieles davon hatte ich ja selbst miterlebt, anderes war auch mir neu und fesselte meine volle Aufmerksamkeit. Plötzlich sagte Wagner: „Jetzt ärgere ich mich die ganze Zeit und er (auf mich deutend) sitzt ganz ruhig da und läßt sich erzählen." Zum Maler Jou=

towsky gewandt, fügte er bereits halb humoristisch
bei: „Sehen Sie, so macht er mir's."

Eine anbauernde Mißstimmung kam niemals zwischen
uns auf. Auch ich konnte mir stets eine freimüthige, offene
Gefühls= und Gedankenäußerung gestatten. Wohl stand
mir keine Gelehrsamkeit zur Verfügung, aber ich wagte
es, mich zu geben wie ich bin, indem ich meiner instinctiven
Empfindung vertraute. Uebrigens hegte Wagner stets eine
große Antipathie gegen Menschen, welche nur das Wissen
um die Bildung besaßen, ohne sich selbst als wandlungs=
fähig zu erweisen. Dagegen schätzte er jede unmittelbare
Empfänglichkeit.

Als ich ihm einmal meine Absicht kundgab, durch
das Studium Schopenhauers mir Wagners Werke auch
auf anderem Wege zu erschließen, da lachte er mich aus:
„Warum nicht gar Heckel, bewahren Sie sich Ihren ge=
sunden Menschenverstand."

Das Allzuunpersönliche mancher sonst ver=
dienstvollen Freunde Bayreuths in ihrem Verhältniß zu
dem großen Unternehmen, konnte für Wagner, der selbst
vor keinem offenen freien Wort zurückschreckte, gewiß nie=
mals als das Erstrebenswerthe erscheinen. Aber wer ihm
bei der Erreichung seiner Kunstziele förderlich war, indem
er sich in den Dienst seines Genius und damit in den
Dienst der Kunst stellte, ohne deßhalb sich selbst aufzugeben,
der erfuhr seine herzlichste Anerkennung und Dankbarkeit.

*   *   *

Ich verließ Bayreuth nach der Zusammenkunft im
Januar 1881 sehr befriedigt und sprach Wagner auch brief=

lich meine Zuversicht über das Gelingen der nächsten Fest=
spiele aus.

Zu seinem Geburtstag wurde der Meister auf An=
regung von Frau Wagner durch Hans von Wolzogens
Vermittelung damit überrascht, daß er die Decke seines
Wohnsaales mit den Wappen der Städte geschmückt fand,
die sich durch die Wirksamkeit der Vereine für sein Unter=
nehmen thätig erwiesen hatten.

In einer Conferenz im Juli 1881 in Bayreuth wurde
auf meinen Antrag beschlossen, die Zeichnung von Garantie=
Scheinen zu veranlassen, um gegen ein Defizit gedeckt zu sein.

Bald konnte ich von Mannheim diesbezüglich günstige
Erfolge melden. Ebenso über meine Verhandlungen mit der
Firma B. Schott's Söhne in Mainz wegen der Ver=
lagsübernahme des „Parsifal".

Als ich von Wagner längere Zeit keine eigenhändige
briefliche Mittheilung mehr erhalten hatte, bemerkte ich
ihm dies, ohne die Absicht eines Vorwurfs. Gleichzeitig
übermittelte ich ihm eine arithmetische Zusammenstellung
der Tacte in seinen verschiedenen Werken. Der Zähler
wünschte die Veröffentlichung dieser mühsam hergestellten
Tabelle in den „Bayreuther Blättern", die damals allen
Patronen zugesandt wurde.

Wie wenig Beifall der Meister solchen Curiosa, an
denen die Wagner=Litteratur wohl etwas überreich ist,
schenkte, geht aus seiner halb humoristischen, halb miß=
launigen Antwort hervor.

Oh! alter Freund!

Müssen Sie mir auch noch das Leben schwer machen,
daß Sie eine Kränkung darin ersehen, wenn ich eine An=

frage von Ihnen durch meine Frau beantworten lasse, wenn
es eben geschehen soll und ich gerade bei meiner Partitur
sitze?

Es scheint Faulenzer zu geben, die immer Briefe schreiben
können! — vielleicht kommt das auch noch bei mir. —

Liebster — Die Einlage schicke ich Ihnen — mit
1000 Dank (versteht sich!) — zurück. Unsren Patronen
kann ich doch unmöglich mit solchen Späßen kommen!

Viel Dank für alle Freundschaft!

Stets Ihr

alter

Bayreuth, 2. Juli 1881.   Rich. Wagner.

Franz Fischer hatte nach der Lösung seines Mannheimer Vertrags als Hofkapellmeister in München einen
ehrenvollen Wirkungskreis gefunden und Fritz Brandt
wurde nach dem Tode seines Vaters durch folgenden Brief
des Meisters nach Bayreuth berufen:

Lieber werther junger Freund!

Dank für Ihren Brief, — er war schön! Erst heute
schreibe auch ich Ihnen, ich mußte dieses wehmüthige Geschäft
aufschieben, da meine Verfassung der Art ist, daß meine
liebe Frau zur Zeit schon Bedenken trug die Nachricht vom
so schrecklich plötzlichen Tode Ihres teuren Vaters überhaupt mir mitzutheilen: ein Zufall enthüllte mir dieses
Schicksal! —

Gewiß verstehen Sie mich, und verzeihen Sie mir,
wenn ich meine Empfindung hierüber nicht in Worte fasse.
Ich stehe im dritten menschlichen Lebensalter, und sah zwei

Generationen Mitlebender bereits vergehen: in Ihrem Vater verlor ich das letzte Glied jener zweiten Geschlechts= reihe, das mich mit dem Erlebten noch verband. In Ihnen begrüße ich nun die dritte Generation, der ich mein reifes Leben zur Weiterführung übergeben habe. Seien Sie willkommen! Ich nehme an, daß Sie bereit dazu sind, das letzte Werk des gemeinsamen Wirkens Ihres Vaters mit mir fortzuführen.

Jedenfalls steht Ihnen Alles hierfür zur Verfügung und wissen Sie genau, um was es sich bei der scenischen Aufführung des Parsifal's handelt.

Erlauben Sie mir daher, Sie an die Stelle Ihres seligen Vaters für meine Bayreuther Aufführungen zu be= rufen. In meiner noch einige Monate dauernden Abwesen= heit wird Ihnen in Bayreuth mein Verwaltungsrath zu jeder Auskunft und nöthigen Uebereinkunft willig zur Seite stehen. Verfügen Sie was Sie für nöthig halten!

Mit dem beileidsvollsten Gruße an Ihre teure Frau Mutter verbinde ich für Sie selbst die Versicherung freund= schaftlichster Ergebenheit

Ihres

tief trauernden
Richard Wagner.

Palermo, Hôtel des Palmes.
14. Januar 1882.

Frau Wagner unterrichtete mich brieflich über den Fortgang in der Composition des „Parsifal." Sie war stets auf das innigste mit Wagners Schaffen vertraut und nahm, wie früher beim „Ring des Nibelungen" nunmehr

auch beim „Parsifal“ an den Vorbereitungen zur Auf=
führung theil. Wagner rühmte oft die außerordentliche Hilfe,
welche ihm dadurch erwuchs.

So erinnere ich mich des Augenblicks vor Beginn der
ersten Klavier=Bühnenprobe des „Parsifal“. Wagner trat
fast feierlich auf seine Frau zu mit den Worten: „Komm
Frau, Du hast mir geholfen mein Werk zu schaffen, nimm
jetzt auch neben mir Platz!“ um dann mit den Worten:
„Heckel kommen Sie mit!“ mich ebenfalls aufzufordern.

Wir nahmen auf der Bühne neben denjenigen Künst=
lern Platz, welche bei dieser Probe nicht beschäftigt waren.

Es wurde in Bayreuth stets so gehalten, daß sämmt=
liche Darsteller derselben Rolle den Proben der Andern
beiwohnten, um die Bemerkungen Wagners über Auffassung
und Ausführung auch für sich zu beherzigen.

Auf diese Weise entstand ein sehr fördernder Wett=
kampf der einzelnen Darsteller im Bestreben sich durch die
Einsicht in die Intentionen des Meisters zu selbstständiger
Gestaltung anregen zu lassen und durch volle Entfaltung
der individuellen Eigenart den Anderen dort zu übertreffen,
wo dessen Persönlichkeit sich in engeren Grenzen befand.
Durch diesen Wettkampf gelang beispielsweise unter den
drei Darstellerinnen der Kundry Frau Materna und
Fräulein Brandt die elementare Wildheit des ersten Aktes
in hervorragendster Weise, während Fräulein Malten als
einschmeichelnde Verführerin im zweiten Akte und als
demüthige Büßerin im dritten wohl immer unerreicht bleiben
wird.

Wie dem Meister die unvergleichliche Zusammenwirkung
der Stimmen der drei Rheintöchter 1876 eine besondere
Freude bereitete, so befriedigte ihn 1882 besonders die vom

„Blumenvater" Porges einstudirte Scene der Blumenmädchen. Nach der letzten Probe derselben sagte er zu mir mit dem Ausdruck wahrster Befriedigung und Glückseligkeit: „Das ist das erste Mal, daß ich es erlebte, eine Scene so auf der Bühne zu sehen und zu hören, wie ich sie mir gedacht habe. Heckel, es ist wundervoll!"

Unter den Darstellern verstand es besonders Scaria, sich selbstständig zu bethätigen und seine Aufgabe individuell zu lösen. Wagner ließ ihn daher bei der Gestaltung des „Gurnemanz" vollständig frei gewähren.

Während der Hauptproben zum „Ring des Nibelungen" hatte Wagner in der Regel seinen Platz an einem Tischchen auf der Bühne. So zeigt ihn auch eine köstliche Karrikatur Menzels. Den Proben zum Parsifal dagegen wohnte er meist in der ersten Reihe des Zuschauerraums bei. Er ließ in die Schallwand über dem Orchester ein Fensterchen ein= schneiden, um mit dem Dirigenten sprechen zu können.

Die Ausführungen der geschäftlichen Bestimmungen während der Proben und Aufführungen wurden Ad. Groß und mir übertragen und sowohl die Mitwirkenden wie die Besucher durch einen Anschlag am Festspielhaus an uns verwiesen.

Auf Wunsch des Königs von Bayern wurde ein be= sonderer Anbau ausgeführt, um dem König einen eigenen Eingang in das Festspielhaus zu schaffen. Leider wohnte der König trotzdem nicht den Aufführungen des „Parsifal" in Bayreuth bei. Er ließ sich denselben später durch die Mitwirkenden der Bayreuther Festspiele in einer Separat= Vorstellung in München darstellen.

Die ersten Aufführungen des „Parsifal" fanden am 26. und am 28. Juli 1882 nur für die Mitglieder des

Patronatvereins in Bayreuth statt. Wagner wurde da=
durch seiner Verpflichtungen gegen den Verein ledig. Er
sah sich zur Aufhebung des Vereins genöthigt, da einzelne
Heißsporne ihre Aufgabe verkannten und selbstbestimmend
eingreifen wollten.

Der vorletzten Aufführung des Parsifal wohnte der
deutsche Kronprinz (der spätere Kaiser Friedrich III.) bei.

Nach dem ersten Akt sagte der Kronprinz zu mir:
„Ich finde keine Worte für den Eindruck den ich em=
pfangen; es übersteigt Alles, was ich erwartet; es ist
großartig; ich bin tief ergriffen, und ich begreife, daß das
Werk im modernen Repertoire nicht gegeben werden kann."

Als nach Schluß der Aufführung Bürgermeister Muncker
und Bankier Feustel in den Vorsalon der Loge traten, sagte
er zu ihnen: „Herr Heckel war Zeuge meiner Begeisterung,
ich kann nur nochmals meine Bewunderung ausdrücken. Es
ist mir, als wäre ich nicht in einem Theater, so erhaben
ist es!"

Der Kronprinz fand in der That alle seine Er=
wartungen weit übertroffen. Er wohnte vier Jahre
später abermals einer Aufführung des „Parsifal" in
Bayreuth bei.

Die meisten fürstlichen Persönlichkeiten, welche Bayreuth
besuchten, liebten es inkognito zu reisen. So geschah es
1876, daß der Kaiser von Brasilien, als er vor
der Zeit das Festspielhaus betreten wollte, von den An=
gestellten zurückgewiesen wurde und erst durch meine Ver=
mittlung Eintritt erhielt.

Die Zeit der Proben und Aufführungen des „Parsifal"
verfloß weniger reich an Aufregungen und Spannungen als
die „Nibelungen=Tage." Das mochte zum Theil das

Werk selbst, und zum Theil die geregelteren Verhältnisse be=
wirken.

Wagner bereitete uns zum Schluß noch eine große
Ueberraschung, die mir als ein hohes Erlebniß unvergeßlich
im Gedächtniß haftet.

Vor der letzten Aufführung faßte er unerwartet den
Entschluß den letzten Akt seines Bühnenfestspiels von der
Verwandlungsmusik an selbst zu dirigieren. Er gab nur
wenigen Freunden seine Absicht kund.

Die Hofkapellmeister Levi und Fischer, die Dirigenten
des „Parsifal", blieben im Orchesterraum, um die Ausführenden
an bestimmten Stellen nicht die gewohnten Zeichen vermissen
zu lassen. Wagner konnte daher ohne praktische Rücksichten
ausschließlich auf eine im Rythmus und Ausdruck durchaus adä=
quate Wiedergabe bedacht sein. Jeder folgte willig seinem Stab.

Es war wunderbar, mit welch tiefer Empfindung und
mit welcher gewaltigen Breite vor allem die getragenen
Stellen zum Vortrag gelangten. Die Wucht der großen
dramatischen Scene des Amfortas überstieg an Mächtigkeit
alles, was ich erlebt hatte. Reichmann, der Darsteller
des Amfortas sagte mir nach der Aufführung: — „So
etwas hält man nur einmal aus. Zu einem solchem Auf=
wand von Athem, überhaupt an Kraftentfaltung der
Stimme vermag einen nur der Meister selbst zu zwingen."
Aehnlich äußerten sich die Bläser im Orchester. Alle Mit=
wirkenden hatten willig ihre volle Kraft eingesetzt. Was jene
Stunde uns bot, kehrte nie wieder. Die Direktion des
letzten Aktes Parsifal war die letzte That Wagners als
Dirigent. Im Publikum wußte es während der Aufführung
fast Niemand, daß der Meister selbst den Dirigentenstab
führte, und auch nachher wurde es nur Wenigen bekannt.

Das finanzielle Ergebniß war 1882 über Erwarten günstig. Weder die Garantiescheine wurden in Anspruch genommen, noch der „eiserne Fond". Sondern dieser konnte jetzt wirklich als Grundstock für die künftigen Aufführungen bezeichnet werden.

Auf meinen Wunsch übersandte mir Frau Wagner nach den Festspielen eine Photographie des Meisters. „Adolf Groß sagt mir, daß Sie gern eine Photographie meines Mannes hätten, und zwar mit Unterschrift. Hier folgt sie mit Lächeln seitens meines Mannes, da er weiß wie viele Briefe Sie von ihm haben, und Zeugnisse seiner freundlichsten Werthschätzung — — — Wie haben Sie sich wieder bewährt Freund! Und wie hat sich „unser" System der Consequenz bewährt! Seien Sie bedankt und begrüßt in herzlichster unwandelbarer Freundschaft, Sie und die lieben Ihrigen von ganz Wahnfried."

Schon in Bayreuth, während den Parsifal-Aufführungen, erhielt ich von Mannheim die Nachricht von meiner Wiederwahl in das Theater-Comité. An einem heiteren Abend in Wahnfried frug mich der Meister: „Was erwarten sich denn die Mannheimer für große Dinge von Ihnen?"

„Daß ich den „Parsifal" mitbringe, um weniger thun sie es nicht", war meine Antwort.

Das belustigte Wagner sehr, und ich mußte ihm noch viel von meiner Vaterstadt erzählen.

Ich war wenig geneigt nach den Genüssen der Bayreuther Festspiele mich abermals den theatralischen Alltäglichkeiten zu widmen. Aber noch war auch auf diesem Wege Vieles im Sinne Wagners zu wirken. Das bestimmte mich in meiner Entschließung und so konnte ich dem Meister im Herbst 1882 nach Venedig mittheilen, daß ich die Wahl zum Präsidenten des Hoftheatercomitees angenommen hatte.

Bald konnte ich Frau Wagner anläßlich der Uebersendung einer Photographie meiner Familie Günstiges über das Theater berichten und ihr schreiben, daß ich nach einem Gastspiel von Fräulein Malten (der Bayreuther „Kundry") von einer „Lohengrin-Aufführung" in Mannheim geträumt habe, mit Fräulein Malten als Elsa und unter persönlicher Leitung des Meisters.

Die Antwort Frau Wagners stellte die Möglichkeit der Erfüllung des Traumes in Aussicht.

„Wie schön war der Traum! Gewiß er bedeutet etwas, und wer weiß, wie er sich noch erfüllt! Das Urtheil über Fräulein Malten hat meinen Mann besonders gefreut, er hält viel von ihr. So war der liebe Brief denn voll des Guten, das wir mit Herzlichstem erwidern!"

Wegen einer in Mannheim zu veranstaltenden Aufführung des ganzen ersten Aufzuges des „Parsifal" im Concertsaal, erhielt ich von Wagner folgende telegraphische Nachricht.

Ganzer erster Akt viel und langweilig, Finale von Wandeldecoration an wäre genug.
Wagner.

Ein zweites Telegramm gelangte aus Versehen offen in das Theaterbüreau. Mit Beziehung hierauf schrieb Wagner:

Lieber Freund!

Dank, Gratulation — nachträglich und zum Voraus; auch ergebenste Empfehlung an die diskrete Telegraphen= Einrichtung in Mannheim. —

Jetzt aber: — meine Frau hat immer noch vergessen Ihnen zu melden, was ich jetzt nachhole: — engagiren Sie doch ja den Augsburger Frank für Ihr Theater; ich bürge für [ihn], und halte ihn in jeder Hinsicht für vor= trefflich. Sie werden schon wissen wie Sie ihn anbringen; hat man Ihnen bei Ihrem früheren Austritt einen Reak= tionär als Lehrmeister eingesetzt, und mußte dafür Fischer gehen, so könnte das jetzt ja nun vice versa geschehen.

Sie sahen, andere Mächte geniren sich ja auch nicht! —

Gedenken Sie dessen und seien Sie versichert — u. f. w.

Gestern war Groß hier: wir werden diesmal nur den Juli mit 12 Vorstellungen haben. Auch gut! Ich ärgere mich über nichts mehr und lasse mich jetzt täglich 2 mal massiren.

Ein Gleiches wünscht Ihnen

Ihr

Venedig,   sehr getreuer

14. Jan. 1883.   Rich. Wagner.

Wagner hatte für 1883 vierundzwanzig Auf= führungen des „Parsifals" geplant. Ich lachte herzlich über die humoristischen Schlußworte und schrieb an Wagner, in= dem ich auf seinen Scherz einging, wenn es hülfe, ließe ich mich gern viermal täglich für ihn massiren. Ich ahnte es nicht, daß es sein letzter Brief an mich und meine Ant= wort meine letzten Zeilen an ihn sein sollten.

Noch am 10. Februar, — drei Tage vor seinem Tode — schrieb mir Frau Wagner ohne Befürchtung einer Krisis. Ich hatte die Hoffnung ausgesprochen, daß Wagner die Rückkehr durch den Gotthard nehmen werde, um mich in Mannheim zu besuchen. Es kam anders. Als todter Mann machte er die Rückreise wieder über den Brenner in sein geliebtes Deutschland-Bayreuth. — — —

Durfte ich es mir versagen die gewaltigen Eindrücke der Festspiele in ihrer Wirkung auf mich zu schildern, so darf ich es auch unterlassen meine Gefühle bei der Nachricht von dem Tode des großen Meisters und bei der feierlichen Bestattung in Bayreuth in Worte zu fassen. Gilt doch auch hier, wie so oft im Leben, das tiefernste Wort aus dem Bühnenweihfestspiel:

Das sagt sich nicht. —

*   *

*

Der Gesundheitszustand Frau Wagners nach dem Tode des Meisters blieb längere Zeit besorgnißerregend, so daß es ihr nicht möglich war, an den Festspielen 1883 persönlich theil zu nehmen.

Die Trauerstimmung kam allgemein zum Ausdruck. Wie ruhig ging es auf der Bühne zu und welche ernste Stille herrschte unter dem Publikum, wenn es während den Zwischenpausen, wie gewohnt, vor dem Festspielhause auf und abwandelte. Der Gedanke an den dahingeschiedenen Meister sprach aus aller Augen.

Scaria führte die Regie. Alles Bemühen war darauf gerichtet bis ins Kleinste an den Intentionen des Meisters fest zu halten.

Laut gewordene Beobachtungen und Bemerkungen seitens betheiligter und zuschauender Zeugen der Aufführungen in den Jahren 1882 und 1883 wurden in Wahnfried in einem Hefte zusammengestellt. Dieses Heft bietet auf vierzig Seiten sehr treffende nach Akten und Personen geordnete Bemerkungen über die Wiedergabe unter dem Meister und spätere beobachtete Abweichungen. Es erwies sich für die Folge sehr werthvoll für die Bewahrung des ursprünglichen Charakters der Aufführungen.

Der Verwaltungsrath, in welchem Friedrich Schön als Verwalter des „Richard Wagner-Stipendien-Fond" eingetreten war, hatte wie in den vorausgegangenen Fest-spieljahren die Erledigung aller Geschäfte übernommen. An Stelle von Frau Wagner sprachen die Kinder des Hauses „Wahnfried" dem Verwaltungsrath brieflich den Dank aus:

„Wir wissen es wohl daß die aufopferungsvolle Thätig-keit, welche Sie in diesem Jahre wiederum der Sache unseres Vaters haben angedeihen lassen, einer in sich beseeligten und geweihten Begeisterung entspringt, welcher keine Dank-sagung je entsprechen könnte. Doch empfinden wir es als eine Schuldigkeit gegen uns selbst, Ihnen zu sagen, wie tief und innig wir es erkennen, daß von dem mäch-tigsten Gefühle durchdrungen, Sie auch in diesem Jahre das Werk unseres Vaters zu fördern sich erfolgreich bemühten. Liebe ist es, welche Sie bewährten, Liebe ist, die wir Ihnen entgegen tragen und deren tief gerührten Ausdruck wir Sie hiermit herzlich bitten uns heute freundlich zu gönnen."

Für das Jahr 1884 konnten Wiederholungen der „Parsifal-Aufführungen" angesetzt werden. Adolph Groß theilte mir bei einem Besuche in Mannheim mit, daß Frau Wagner noch immer in strengster Zurückgezogenheit verharre und auch bei den nächsten Festspielen nicht persönlich einzugreifen gewillt sei, sondern beabsichtige, mich um die Uebermittelung der Mittheilungen an die Künstler während den Proben und Aufführungen zu ersuchen. Später entschloß sich Frau Wagner wenigstens hinter der Scene den Vorbereitungen beizuwohnen und direkt mit dem Regisseur zu verkehren.

*　　*　　*

Im Mannheimer Hoftheater hatte ich gleich nach Wagners Tod eine ernste Gedenkfeier (Dichtung von Karl Heckel) veranstaltet, die später auch in Bremen zur Darstellung kam.

Die Aufführungen von „Siegfried" und „Götterdämmerung" in Mannheim gelangen bestens.

Anläßlich der ersten Aufführungen der Götterdämmerung durfte ich Liszt und seine Enkelkinder bei mir begrüßen. Auch andere bei dem Bayreuther Unternehmen betheiligte Persönlichkeiten besuchten die Mannheimer Aufführungen.

Frau Wagner schrieb mir:

„Siegfried sagt mir so viel Schönes von der Aufführung der „Götterdämmerung", daß ich nicht unterlassen kann, Ihnen meine große Rührung über dieses bei Ihnen ermöglichte auszusprechen."

Auf Veranlassung von Frau Wagner ersuchte ich Hofopernsänger Knapp, der sich als Gunther ganz vorzüglich bewährt hatte, mit Kapellmeister Seidl den Amfortas zu studiren und in Bayreuth zu singen. Leider gelangte derselbe wieder zu keiner Zusage.

Anläßlich des Umbaues meines Hauses richtete ich an einen Bildhauer, dessen gediegene deutsche Künstlerschaft meine besonderen Sympathien erweckte, Johannes Hoffart in Charlottenburg (damals noch in München) die Aufforderung, eine Kolossalbüste Wagners in karrarischem Marmor für mein Haus auszuführen. Frau Wagner hatte die Freundlichkeit, mir bei der Beurtheilung der Skizzen freundlichst zu rathen. Auf ihre Veranlassung blieb sämmtliche Symbolik aus der antiken Welt, wie Lorbeer und Leier, weg.

Als ich über eine vollständige Aufführung des „Ring des Nibelungen" nach Wahnfried berichtete, schloß ich mit den Worten: „Jetzt noch die Aufstellung der Büste an meinem Hause und die Aufführung von „Tristan und Isolde" am hiesigen Hoftheater und meine Mission für Mannheim ist zu Ende."

Als am 15. September 1887 die Enthüllung der Büste — sie ist das erste öffentliche Denkmal, das Wagner errichtet wurde — stattfand, vereinigten sich die Künstler der Mannheimer Bühne zu einer wohlgelungenen Feier. Dieselbe wurde durch den „Kaisermarsch" eingeleitet, dann folgte der Chor „Wacht auf" aus den „Meistersingern von Nürnberg" vorgetragen von Mitgliedern des Hoftheaters und eine Festrede des Oberregisseurs Martersteig. Verschiedene Ehrengäste und ein dichtgedrängtes Publikum wohnten der Feier bei. Das Gebäude erhielt den Namen „Richard Wagner-Haus". Noch bei mancher Gelegenheit durften seine Pforten sich der Familie des Meisters öffnen.

Als „Tristan und Isolde" in Mannheim zur Aufführung gelangte, wohnte Frau Wagner den Proben bei

und betheiligte sich durch werthvolle Angaben an der Vor-
bereitung des Werkes.

Zu Max Martersteig, der als Oberregisseur sein
praktisches Können und sein feines Kunstverständniß be-
währte, gelang es mir später, Felix Weingartner als
Hofkapellmeister zu gewinnen, welcher mit Freuden das Hamburger Stadttheater verließ, um in Mannheim ein freies
Feld für seine künstlerische Thatkraft zu finden. Meine
Hoffnung, ihn zur Mitwirkung in Bayreuth berufen zu
sehen, sollte sich leider nicht verwirklichen.

Mit der Zeit wuchs auch im Mannheimer Publikum
Zahl und Macht derjenigen, welche nicht Sammlung, sondern
Zerstreuung im Theater suchten und den Veranstaltungen
stilvoller Aufführungen im Geiste Wagners widerstrebten.
Wohl hielten Weingartner und Martersteig treu mit mir
Stand gegen unkünstlerische Zumuthungen, wie Streichungen
u. s. w., welche innerhalb der Verwaltung selbst zum
Ausdruck kamen. „Streichen Sie erst mich!" war Wein-
gartners männliche Antwort. Zwar unterblieb in Folge
dessen die angestrebte Verstümmelung Wagner'scher Werke,
aber Eitelkeit und anmaßender Dilettantismus gelangten
trotzdem zu schädigendem Einfluß. Ich sah kein ersprieß-
liches Wirkungsfeld mehr vor mir liegen. Meine Thätigkeit
für das Mannheimer Hoftheater fand nach zehnjähriger
Dauer ihren Abschluß, wie ich in meinem bereits erwähnten
Briefe vorausgesagt hatte, nach der Aufführung von
„Tristan und Isolde". Eine später erfolgte Wiederwahl in
die neu organisirte Theaterverwaltung lehnte ich ab.

Frau Wagner schrieb mir:

„Wie man siegt und woran man scheitert, darauf
kommt es an, und so denke ich Sie mir, werther Freund,

zufrieden wie es derjenige sein darf, der sein Bestes für eine gute Sache eingesetzt hat und der daher berechtigt ist zu hoffen, daß dieses Beste nicht verloren sein wird."

*
* *

Wagner hatte stets die Absicht gehegt, recht viele musikalische Dirigenten nach Bayreuth zu berufen. Hier sollten sie sich des großen Werthes bewußt werden, welcher dem scenischen Bild und dem dramatischen Vorgang auch für den Kapellmeister bis ins Einzelne zukommt. Er sprach es wiederholt aus, daß sich durch die Einsicht in das Drama das richtige Tempo von selbst ergebe. Es war daher stets die erste Aufgabe Bayreuths, dem Drama als solchem gerecht zu werden.

Mit „Tristan und Isolde" bewies Frau Wagner 1886 der Welt ihre außerordentliche Fähigkeit, auch selbstständig im Geiste des Meisters weiter zu wirken. Die große Scene im zweiten Akt unterschied sich am stärksten von der in Repertoiretheatern üblichen Darstellung. Sie wurde nicht mehr als „Liebesduett" genossen, sondern dem empfänglichen Zuschauer mußte es unmittelbar zum Bewußtsein kommen, daß sie im eigentlichen Sinne des Wortes einen dramatischen Vorgang enthält: die durch Tristan erzielte Lebensverneinung im Herzen Isoldens.*) Dabei war in Frau Sucher die Darstellerin gefunden, welche, wohl zum ersten Mal, eine vollständig adäquate Verkörperung der Isolde bot.

„Tristan und Isolde" unter Mottl's Leitung war das letzte Werk, dessen Aufführung Wagners großer Freund,

---

*) Vergl. Karl Heckel: Erläuterungen zu „Tristan und Isolde".

Franz Liszt, beiwohnte. Sein während der Festspieltage erfolgter Tod traf viele Theilnehmer der Festspiele wie ein persönliches Familienereigniß.

Das nächste Jahr brachte „Die Meistersinger von Nürnberg."

Wie es mir vergönnt gewesen war Kaiser Wilhelm I. und Friedrich III. (als Kronprinz) in Bayreuth zu begrüßen, so durfte ich mich auch jetzt des warmen Antheils erfreuen, den Kaiser Wilhelm II. an den Festspielen nahm.

Der Kaiser äußerte nach der Aufführung zu mir, er habe vorher gar nicht gewußt, daß in Berlin in den „Meistersingern" so viel gestrichen sei.

In der Folge fanden auch die Berliner Aufführungen ohne Striche statt.

Die nächsten Jahre, welche in Bayreuth „Tannhäuser" und „Lohengrin" neu und die Wiederholung des „Ring des Nibelungen" boten, erfreuten sich eines stets zunehmenden Besuches und überzeugten immer weitere Kreise wie die Festspiele bestrebt sind, einen ganzen und großen Eindruck zu erzielen, der aus vielen harmonisirenden Einzelheiten besteht.

Was dagegen bei diesen Aufführungen vermißt wurde, waren Individualitäten unter den Darstellern, welche, wie zuletzt noch Friedrichs als Beckmesser, sich vollständig mit den gestellten Aufgaben deckten. Fast scheint es, daß unsere Zeit, in der der Individualismus seine Berechtigung litterarisch so energisch zur Geltung bringt, unter den reproducirenden Künstlern immer weniger selbstherrliche Persönlichkeiten aufzuweisen vermag.

Sobald die Darsteller sich nicht zu selbstschöpferischer

Thätigkeit angeregt fühlen, sondern allein zur nach=
ahmenden Ausführung empfangener Anweisung sich ge=
nöthigt sehen, erscheint der Organismus zum Mechanismus
erstarrt. Es wäre daher gewiß nur zu wünschen, daß unter
den Mitwirkenden wieder, wie zu Wagners Zeit, mehr
Selbstständigkeit und vor allem mehr männliche Kraft sich
bethätigte, um dadurch der an sich so hoch zu schätzenden
Verfeinerung und Veredlung, welche durch Frau Wagners
bewährten Geschmack die Leistungen erfahren, eine leben=
digere deutsch= kräftigere Grundlage zu bieten.

Die freundschaftlichen Beziehungen zum Hause Wahn=
fried haben mich niemals abgehalten meine Empfindungen
und Anschauungen bei den Festspielen freimüthig auszu=
sprechen.

Als zum erstenmal ein außerdeutscher Sänger zur
Mitwirkung berufen wurde, reiste ich vorher auf Frau
Wagners Einladung zur Berathung nach Bayreuth und
verhehlte nicht meine schweren Bedenken. Durch den großen
künstlerischen Erfolg der betreffenden Leistung erschienen
dieselben allerdings wiederlegt, aber die Macht des fremd=
ländigen Einflusses wuchs doch erheblich, wenn auch die
übertriebenen Befürchtungen sich nicht erfüllten.

Nur für den Fernstehenden ist es nöthig, es überhaupt
auszusprechen, daß trotzdem sicher weder irgend ein Ein=
zelner, noch eine Vereinigung befähigt gewesen wäre, treuer
im Geiste Wagners die Festspiele fortzuführen, als es durch
Frau Wagner geschehen ist.

Die Aufführungen des „Ring des Nibelungen‟ im
Jahre 1896 bedeuteten eine Gedenkfeier der vor zwanzig
Jahren erstmals erfolgten Festspiele.

Fünfundzwanzig Jahre waren verflossen, seit das Unter=

nehmen durch Wagners Aufforderung an die Freunde seiner Kunst, durch den Patronatausschuß und die Gründung der Wagnervereine begonnen hatte, festen Boden zu gewinnen.

Aber wie langsam war der Fortgang gewesen, trotz aller Bemühungen! Welchen Anfechtungen waren die wenigen Freunde Wagners ausgesetzt, wenn sie, wie der vortreffliche Bürgermeister Geheimer Hofrath von Muncker in Bayreuth, ihr Vertrauen in das Unternehmen von Anfang an muthig zu erkennen gaben und alljährlich in ungezählten Kämpfen beim Ausgleich wiederstrebender Intressen ihre Hingebung durch die That bewährten!

Der Rückblick auf die verflossenen fünfundzwanzig Jahre bietet mir zahlreiche werthvolle Erinnerungen, die sich mit Beziehungen zu allen Persönlichkeiten verknüpfen, die an dem Bayreuther Unternehmen unmittelbar theil nahmen. Die in der Bayreuther Sache an mich persönlich gerichteten Briefe haben die Zahl zweitausend überschritten, darunter über sechzig Briefe von Wagner und zahlreiche andere hochgeschätzte Mittheilungen bedeutender Persönlich=keiten.

Ich gedenke mit Dankbarkeit aller Erlebnisse, die ich Wagner und seiner Kunst verdanke.

Es drängte mich diese Empfindung beim Rückblick auf das verflossene Vierteljahrhundert auch sichtbar zum Aus=druck zu bringen.

Ich sandte den Taktstock, mit welchem der Meister am 20. Dezember 1871 in Mannheim zum ersten Mal das „Siegfried=Jdyll" dirigirt hatte, nach Bayreuth und schrieb an Frau Wagner:

„Es sind nun fünfundzwanzig Jahre verflossen, daß durch das Vertrauen und die Freundlichkeit, mit welchem der große Meister meinen ersten Brief aufnahm, mir vergönnt wurde, eine inhaltsreiche Lebensaufgabe zu finden. Jeder Rückblick auf die herrliche Zeit bedeutet für mich ein Fest.

Im Gedenken an die erste persönliche Begegnung anläßlich des Mannheimer Concerts übersende ich Ihnen den Taktstock für Wahnfried". —

Er wird dort wie alles, was sich auf den Meister bezieht, auf's heiligste bewahrt. Fräulein Eva Wagner schrieb mir mit Beziehung auf den übersandten Stab: „Ich denke mir, die einst empfangene Weihe müßte sich hier neu bethätigen."

*　　*
*

Die öftere Wiederholung der Festspiele in den letzten Jahren hat auch eine Vereinfachung der Verwaltung nöthig gemacht. Herr Commerzienrath Adolf von Groß hat als verdienstvoller Sachwalter der Familie und als Vormund Siegfried Wagners immer ausschließlicher an Stelle des Verwaltungsrathes die geschäftliche Erledigung übernommen.

Zur Leitung des „Allgemeinen Richard Wagner-Vereins", welcher nach Wagners Tod entstand, habe ich niemals in Beziehungen gestanden, aber von demselben die Ausführung meiner Idee „Deutscher Wagnerverein" erhofft. Als derselbe durch Mißgriffe Einzelner wiederholt in die Verwaltung selbst eingreifen wollte, wurde er von Bayreuth energisch zurechtgewiesen. Da die Festspiele, welche Wagner nur nothgedrungen uneingeschränkt der Oeffentlichkeit preisgab, dieser verblieben, war finanziell die Thätigkeit eines

Vereins nicht mehr erforderlich. Dagegen hätte ein solcher bei entsprechender Zusammenwirkung mit Bayreuth als mittelbare **volksthümliche Betheiligung** größere Bedeutung erlangen können. Denn als Wagner nicht in einem internationalen Badeort, sondern in dem stillen Bayreuth sein Festspielhaus errichtete, da hoffte er ein Publikum zu versammeln, das dort alljährlich mit ihm ein **deutsches Fest** feiere.

Wäre es ihm allein um Aufführungen in einem eigens dazu erbauten Theater zu thun gewesen, er hätte es, wie seine Briefe an mich wiederholt bezeugen, an vielen Orten erhalten können. Dazu hätte es keines Verwaltungs= rathes, keiner Patrone, keiner Vereine bedurft.

Richard Wagner aber war es um die Gemeinsamkeit zwischen Künstler und Volk zu thun!

Noch ist eine **von ihm ins Leben gerufene** Institution erhalten geblieben, welcher in dieser Beziehung eine Aufgabe zufällt: die „**Richard Wagner Stipen= dien Stiftung.**" Wie sie von „Bayreuth" aus stets Förderung erfährt, so wäre ihr auch von außerhalb größere Theilnahme zu widmen.

Es war von je Wagners Lieblingsgedanke einen großen Theil der Plätze unentgeltlich abzugeben und durch Verleihung von Reisestipendien auch dem Minderbemittelten den Besuch zu ermöglichen. Noch ist das Vermögen dieser Stiftung nicht groß genug, um der schönen Aufgabe voll zu entsprechen. Jede Unterstützung, die der Stiftung zu Theil wird, bedeutet eine Förderung der nationalen Idee, welche Wagner mit den Festspielen verband.

Ueber diese nationalen und kulturellen Pläne belehren uns seine „Gesammelten Schriften". Erst durch ihre Kennt=

niß wird dem Leser die Einsicht in Wagners Absichten und Ziele voll erschlossen.

In den letzten Jahren hat der Sohn des Meisters, Siegfried Wagner, anfangs nur assistierend, dann selbstständig mit wachsendem Erfolge an den Festspielen sich betheiligt. Die Hoffnungen für das künstlerische Fortbestehen Bayreuths, als einer geweihten Stätte deutscher Kunst, knüpfen sich an seinen Namen. Mögen sich dieselben voll und ganz erfüllen!

Ich habe in meinen Ausführungen wiederholt darauf hingewiesen, wie wenig Wagner das äußere Gelingen eines Unternehmens an sich genügte, ja wie es ihn empörte, wenn man ihm zu seinen „Erfolgen" gratulierte, während er überall das Verständniß für seine Ziele vermißte.

Er vermochte ein Kunstwerk nicht als lebendig wirkungs= voll im höchsten Sinne gelten zu lassen, so lange es nur als eine willkürliche Gabe seines Schöpfers hingenommen wird ohne das Gefühl der Zusammengehörigkeit zwischen Volk und Künstler.

Die unmittelbare Betheiligung des Volkes selbst als künstlerische und nationale Theilnahme, das war es, was Wagner vor allem erstrebte und was ihn veranlaßte die Bemühungen seiner Freunde viel höher anzuschlagen, als die rein praktischen Ergebnisse ihrer Wirksamkeit es verdienen konnten.

So schrieb er mir zu jener Zeit als die Verwirklichung der Festspiele sehr in Frage gestellt war:

„Somit — hoffen wir denn! Auf dem von Ihnen mit so energischer Umsicht beschrittenen Wege, lernen wir am Ende doch noch verborgene Kräfte des deutschen Wesens kennen: hierauf kommt es an, fast mehr als auf das Gelingen der Unternehmung selbst."

Wenn, als Ganzes betrachtet, sich auch das Publikum nicht gefunden hat, das Wagner erhoffte, so dürfen wir doch nicht verkennen, wie Viele alljährlich durch „Bayreuth" sich der ernsten Ziele seiner deutschen Kunst bewußt werden, und wie Vielen sich auf dem leuchtenden Hügel von Bayreuth die Liebe zum Genius erschließt.

Ehrt Eure Deutschen Meister
Dann bannt ihr gute Geister!